以静制动，以柔克刚；动静相宜，刚柔相济。

——太极，王者之道

太极

王者之道

王占海 著

浙江古籍出版社

图书在版编目（CIP）数据

太极，王者之道 / 王占海著 . -- 杭州：浙江古籍
出版社，2013.7

ISBN 978-7-5540-0094-6

Ⅰ.①太… Ⅱ.①王… Ⅲ.①陈式太极拳 – 套路（武术）Ⅳ.① G852.111.9

中国版本图书馆 CIP 数据核字（2013）第 176486 号

太极，王者之道

王占海　著

出版发行　浙江古籍出版社

（杭州市体育场路 347 号，邮编：310006）

网　　址	www.zjguji.com	
责任编辑	徐　硕	
责任校对	吴颖胤	
封面设计	章子慧	
责任印务	贾　敏	
照　　排	杭州月光宝盒文化创意有限公司	
印　　刷	三河市华润印刷有限公司	
开　　本	787×1092　1/16	
印　　张	12	
字　　数	200 千字	
版　　次	2013 年 8 月第 1 版	
印　　次	2013 年 8 月第 1 次印刷	
书　　号	ISBN 978-7-5540-0094-6	
定　　价	36.00 元	

关于作者

王占海，太极拳世界冠军，首批国家级非物质文化遗产太极拳代表性传承人王西安大师之长子，陈式太极拳第十二代传人，陈式太极拳王西安拳法第二代传人，现任香港太极拳研究会副会长、王西安拳法研究会副会长及执行总教练、太极禅国际文化发展有限公司技术总监。

王占海自幼在父亲王西安言传身教下苦练套路，揣摩实战，深得真传。深谙太极拳"四两拨千斤"、"螺旋缠绕"之理，对太极技击的"旋贯力"、"穿透力"、"化解力"颇有见地，16岁首次参赛即夺得冠军，其后十余年间参加所有国内及国际太极拳赛事均夺得冠军，从无败绩，被誉为"无敌战将"。

1984年，夺得陈家沟交手擂台赛少年组冠军。

同年，夺得河南省交手擂台赛冠军。

1985至1987年，蝉联三届全国太极拳、剑推手散手比赛冠军。

1987至1991年，在全国性赛事停办期间，潜心钻研并自创多项太极拳交手技法，代父教拳，培养了包括王战军、张宝中、张富旺在内的一批杰出的太极拳高手，并在之后的十年间率领这支队伍在国际太极拳比赛中包揽了所有级别的金牌，打造了陈式太极拳王西安门下弟子在国际比赛中不败的传奇。

1991年，夺得第一届中国河北永年国际太极拳联谊比赛无差别级冠军。

1992至1998年，蝉联第一至五届中国陈家沟国际太极拳年会（后更名中国焦作温县国际太极拳年会）交手擂台赛80公斤以上无差别级冠军。

1994至2000年，蝉联第一至四届中国陈家沟国际太极拳锦标赛交手擂台赛80公斤以上无差别级冠军、陈式太极拳第一名、陈式太极单剑第一名。

2008年，被聘为世界太极拳推广大使。

2010年，担任香港太极推手擂台赛总裁判长。

2011年，与马云、李连杰共同创办太极禅国际文化发展有限公司，致力于太极拳的都市化、时尚化，让世界的年轻人参与到太极运动中，梦想将太极打造成为代表中国的文化符号，向全世界推广中华太极文化。

序

初识占海，是在 20 世纪 80 年代全国太极拳、剑推手散手比赛中，我担任仲裁委员，占海是参赛选手。当时他年仅 17 岁，第一次参加全国大赛，即勇夺当届冠军，真乃后生可畏。

其后三年，占海连续蝉联该项赛事冠军，之后更连续十年蝉联国际太极拳赛事冠军。在他参加的所有比赛中始终保持不败的记录，人称"无敌战将"。

冰冻三尺，非一日之寒，占海的成功背后有着厚重的积淀。

占海是陈家沟人，6 岁开始习拳，10 岁进入业余体校，14 岁由父亲进行强化训练。每日清晨四点即起床练功，超高强度的训练，使他练就了一身太极独门推手绝技。16 岁开始比赛，当年即获得少年组冠军。

占海的父亲，是当代陈式太极拳名家、国家级非物质文化遗产太极拳传承人王西安大师。王西安承艺于陈式太极第十代传人陈照丕和陈照奎，深得陈式太极精髓。他深入挖掘传统套路的技击原理，提升其实战性，使王西安拳法在当代陈式门派中脱颖而出，特别是对太极拳推手技术的提高作出了贡献。

作为王西安的长子，占海在尽得其父真传的同时，又有自己的领悟与创新。对太极推手技击的"螺旋劲"、"缠丝劲"以及"穿透力"、"化解力"运用自如，在实战中将抓、拿、摔、滑、打、跌、掤、捋、挤、按、采、挒、肘、靠等招法巧妙组合，自创多项太极拳交手技法，在历年比赛中为许多选手所使用。

王西安父子数十年来扎根陈家沟，致力于恢复太极拳传统，将传统太极发扬光大。王西安奔走于世界各地，在国际上传播中华太极文化。占海所培养的太极拳冠军团队，在国际比赛中取得优异的成绩。他的业余弟子则遍及工、商、学、影视各界。

近年来，占海致力于太极拳的都市化、年轻化、生活化，打造适合现代社会的太极健身运动，力求将太极运动在都市年轻人中予以普及。为了更好地普及、推广正宗的陈式太极拳，占海特著此书，将传统太极精华以简洁明快的形式奉献给读者。

此书分上下两篇。上篇为太极文化正本清源，讲述太极拳的传承与发展脉络，以精彩的故事讲述历代传人的功绩。陈家沟口口相传的民间历史故事，首次见诸书本，读来引人入胜。

此书的下篇，为太极拳法入门，包括热身动作、技击技法、太极十二式及女子防身术。其中十四种技击招式，每一种均可达到一招制敌的效果，其技法讲解结合了占海多年实战经验的心得，实为拳法爱好者的福音。而易学易用的女子防身术，是将太极实用化的体现。特别值得一提的是，占海根据陈式太极拳七十二式简化而成的太极健身十二式，是提炼自太极传统动作的精华，化繁为简、化难为易的一次可喜尝试，对于读者领略传统太极精髓，通过太极动作进行养生、健身、修心定当有所助益。

太极拳作为国家非物质文化遗产中的代表项目，蕴含着深厚的文化内涵。其中特别重要的是它的养生文化内涵。太极拳是一种全身内外合一的运动，它不仅仅局限于对肌肉和筋骨的锻炼，而是全面地提高身体机能，调理人体的精、气、神，心神合一、形意合一，使人体刚柔相济、阴阳调和、身心平和。

太极拳是几百年来武林前贤不断在前人的基础上潜心钻研、改进、创造而不断积累起来的宝贵财富。如何继承和发扬这笔财富，深入挖掘其中的文化内涵，使更多的人得以受益，是一代代太极传人的历史使命。

祝愿占海在他的太极普及之路上再创辉煌。

是为序。

吴　彬

2013 年 7 月 7 日星期日于北京

序

占海是我的长子。他从会走路起就开始学拳了，由他的母亲陈新意启蒙。七岁后，我开始教他。大家都知道我教徒较严，对儿子尤甚。

记得1983年，我去日本讲学回来，在北京买了一台14寸的黑白电视机。那时候电视机在农村是稀罕之物。有一次，全家都在看电视，我叫占海在院里练拳。屋内电视机响着，他练拳不能专心。拳打到门口时，便伸着脖子往里看。我呵斥他："练你的拳！"可眨眼功夫，他的脑袋又伸到屋门口。如是三次，我火了，搬个凳子坐在门口监督他练拳，一招不对，上去就是一脚。

占海十五岁开始跟我在体委进行强化训练。冬天不管再冷，每天凌晨4点钟，我要求他起床跑步，从城东跑到南广场，练上十遍太极拳老架一路，这才结束早锻炼。中午和下午和我的弟子们切磋拳艺。晚上大家练得筋疲力尽，别人喝碗汤倒头睡了，占海还得跟我在房间里练上半天推手，并且评论一天所有的动作，哪些正确，哪些错误，为什么做不到位，一直到半夜。

现在回想，在占海当年学拳过程中，我管教他太重、太狠。他练拳也不怕吃苦。正因如此，他16岁就初露锋芒，为以后的比赛道路，打下了坚实的基础。

看了占海的著作，我心里很高兴。这些年，工作之余，他并没有浪费光阴，对太极拳有所研究、有所发展。尤其在技法方面，他揣摩得较细、较深，并有自己的创新。比如他探求"一招制敌术"，在太极拳"掤捋挤按，采挒肘靠"的基础上，归纳简约，精炼出一套接招、化招、同时又出招的打法，符合"心想意到，神往形随"的拳理。关键是手法好，转关灵活，随机应变，且极具隐蔽性，突然爆发，因而很有威力。关于这一点我不多说，读者细细品味，自有收获。

陈式太极拳长期以来在陈家沟内部代代相传，保持了原汁原味，具有刚柔相济、快慢相间、蹿蹦跳跃、松活弹抖等传统特色。陈式太极拳仍有极大的发展和研究的空间。每一个太极拳弟子，都有弘扬光大它的职责和义务。占海能够为此做出一些贡献，我很欣慰。希望《太极，王者之道》一书早日面世。

王西安

2013年7月19日于陈家沟

CONTENTS

上篇　不可不读的太极故事

从清朝到当代，陈式太极拳创立、发展、传承、发扬，一路故事不断，节节精彩，引人入胜，不可不读。

下篇　太极拳法入门

不容小视的热身运动，不仅简单，更能针对性地锻炼身体不同部位。从陈式太极拳七十二式的基础上简化编成的太极十二式，是晨间、工作学习之余锻炼的最佳选择。具有极高实战价值的技击技法十四式，简单易学有效好用的女子防狼术，则是以小搏大、以弱胜强、防身御敌的上上之选。

保健热身运动

热身运动共分九式，逐一练习，活动筋骨，既是入门陈式太极拳之前的基础练习，也是一招消除疲劳的日常保健利器。

太极十二式

太极十二式是在陈式太极拳七十二式的基础上简化编成的，全套共分十二个动作，简单、易学，非常适合日常练习。

技击技法十四式

技击技法十四式具有极高的实战价值，可分为四类：对主动进攻进行反击、主动进攻对手、擒拿、解脱擒拿。教你以小搏大，反败为胜，小瘦子也可以一招打倒"巨无霸"。

女子防狼术

"女子防狼术"只有极简单的五式，巧妙地运用了高跟鞋等要素，一招制敌，直中要害，能让你很快脱险。

正本清源

一、太极拳创立的真正渊源

太极拳是中华武苑中的一朵奇葩异卉，数百年来，代有传人，绵延不绝，名家辈出，流派纷呈。追根溯源，太极拳的发祥地是河南省温县陈家沟。

明末清初，陈家沟陈氏第九世，出了一个武学泰斗，名为陈王廷。

到了晚年，陈王廷在祖传拳术和多年研究民间武术的基础上，将自己所得与《河图》、《洛书》之太极阴阳八卦学说，导引、吐纳及中医经络学说相结合，熔诸家之长于一炉，呕心沥血，创编出一种阴阳开合、虚实转换、刚柔相济、快慢相间、老少咸宜的拳术和器械套路。

这些拳械套路均依据太极之理，由无极至太极，由无相而生有相，由静而生动，每个招式都分阴阳，形成了太极拳械的雏形。新拳创编之后，即在陈氏家族中世代相传，这便是我国最早的太极拳。

二、太极拳流派的衍生发展

太极拳老架：陈式太极拳第六代传人陈长兴，在祖传太极拳的基础上，将陈王廷创编的一至五路太极拳由博归约，精炼归纳，创造性地形成完整的套路，成为现在的陈式太极拳一、二路，后人称之为"老架"，亦称"大架"。陈长兴一生著作颇丰，《太极拳十大要论》等著作极大地丰富发展了太极拳的理论，将其提升到一个新的高度。

太极拳小架：同为陈式太极拳第六代传人的陈有本，在原有老架的基础上，逐渐舍弃了某些高难度和发劲的动作，变发劲为蓄而待发，架式与老架一样宽大，形成了陈家沟太极拳小架套路。陈有本的侄子陈清萍学得小架套路后，移居赵堡镇，他在师传基础上，又加圈缠丝，进一步发展，形成了与师传小架风格有所不同的

1

太极 王者之道

陈式太极拳发展脉络

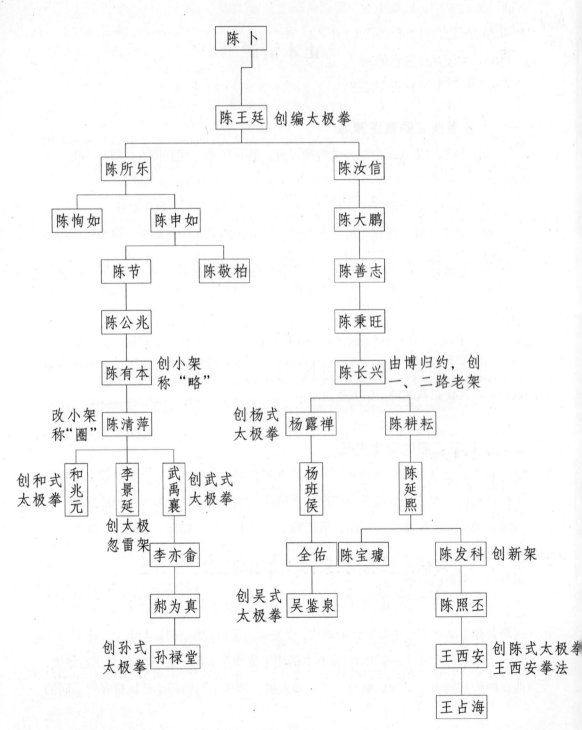

陈卜

陈王廷 创编太极拳

陈所乐 ── 陈汝信

陈恂如 ── 陈申如 ── 陈大鹏

陈节 ── 陈敬柏 ── 陈善志

陈公兆 ── 陈秉旺

陈有本 创小架称"略" ── 陈长兴 由博归约，创一、二路老架

改小架称"圈" 陈清萍 ── 创杨式太极拳 杨露禅 ── 陈耕耘

创和式太极拳 和兆元 ── 李景延 ── 武禹襄 创武式太极拳 ── 杨班侯 ── 陈延熙

创太极忽雷架 ── 李亦畬 ── 全佑 陈宝璩 ── 陈发科 创新架

郝为真 ── 创吴式太极拳 吴鉴泉 ── 陈照丕

创孙式太极拳 孙禄堂 ── 王西安 创陈式太极拳 王西安拳法

王占海

2

小架套路。后人为了区别，将陈有本的小架称为"略"，将陈清萍的小架称为"圈"。

太极拳新架：陈式太极拳第九代传人陈发科，结合三十多年的教学实践，于陈式老架招式中，增加了不少转腕缠绕的动作，缩短了练功周期。后来其子陈照奎将他修改的太极拳套路定型，称为太极拳新架。

陈式太极拳在发展的同时，还不断衍生出新的流派，由一而六，衍生出杨、吴、武、孙、和式太极拳及太极忽雷架，但追根溯源，究其拳理，皆为同源同理。

杨式太极拳：河北广平府（现永年县）杨露禅三下陈家沟，拜陈长兴为师，刻苦学艺。艺成返乡之后，教拳于北京。因为教拳需要，他又大胆革新，将太极拳老架中的高难度动作逐步舍弃，后经其子、孙修改定型，成为目前流行的杨式太极拳。

吴式太极拳：满族人全佑跟随杨露禅之子杨班侯学得杨式小架太极拳后，传给儿子鉴泉。鉴泉在上海开办武学，将师承的太极拳再改造，修改定型成为新的套路。因为鉴泉后来改汉姓吴，所以世人称之为吴式太极拳。

武式太极拳：杨露禅的同乡好友武禹襄，到赵堡镇随陈清萍学得了太极拳小架后，参悟太极拳理论，结合实践，勤加钻研，融会贯通之后，自成一家，后人称之为武式太极拳。

孙式太极拳：武禹襄的再传弟子郝为真传武式太极拳于孙禄堂。孙禄堂是形意、八卦名家，他将武式太极拳与形意、八卦融为一体，自成孙式太极拳。

和式太极拳：赵堡镇的和兆元师承陈清萍，得到太极拳真髓，又有发展。他的徒弟郑吾清在西安一带授拳，声名颇振，此拳被誉为和式太极拳，亦称赵堡太极拳。

太极忽雷架：陈清萍的徒弟李景延，在师传太极拳的基础上，糅合了自己的心得和其他武术精华，形成了与师传拳路风格迥异的太极拳套路，人们称之为"太极忽雷架"。

三、传统太极拳套路相对于现行太极拳套路更具养生价值

既然陈式太极拳是太极拳的鼻祖，那为什么现在练习杨式太极拳的人更多？

由于陈式太极拳长期以来只在家族内部秘传，而杨式太极拳广泛传授，所以源自陈式太极拳的杨式太极拳反而更为流行。但随着近代陈式太极拳逐渐走出陈氏家门，越来越多的人有机会领略正宗传统太极拳套路的魅力。

杨式太极拳来源于杨露禅。他学成陈式太极拳以后，去了北京教拳。许多王公大臣和贵宦子弟慕名而来。杨露禅发现这些人虽然生活奢侈，但是体弱多病，想要学武延年益寿，却又不愿刻苦锻炼。杨露禅为了使他们能够习练太极拳，于是将陈式太极拳所有套路中的刚劲动作删去，对缠丝劲也作了改动，使太极拳的姿势较为简单易学，适合更广泛的人群练习，尤其受中老年人欢迎。杨露禅创编的这套太极拳，后来经过其子、孙的修改、定型，便成了今天人们所看到的杨式太极拳。

杨式太极拳在王公贵族之间传播后，又向民间流传，因此比陈式太极拳的广泛传播早了一百多年。而与此同时，陈式太极拳还墨守着传内不传外、传男不传女的陈规，所以现在练杨式太极拳的人比练陈式太极拳的人要多。但假以时日，相信更多的人会走进陈式太极拳博大精深的世界。

传统套路和竞赛套路有什么关系？

当今大部分人习练的太极拳，是国家体育总局在杨式太极拳的基础上，选取部分动作编串而成的简化太极拳，称之为竞赛套路24式、36式等。究其缘由，是因为太极拳传统套路流派众多，习练困难，为了向大众普及太极拳，才有了简化而成的竞赛套路。它动作统一，更适合表演，不太考虑拳的技击作用，没有实战能力，且失去了文化底蕴，准确来说，更像是太极体操，与传统太极拳相去甚远。

与传统套路相比，竞赛套路的习练方法存在很大的问题。方法不一样，结果也不一样。比如说，竞赛套路的48式之中，运臂划弧上抬，手臂高出肩膀许多，配合的是蜿蜒的动作，这样导致手臂与躯干脱节。而在传统套路中，则讲究沉肩坠肘，松腰松胯，这是符合拳理、有益身心的，竞赛套路则达不到这样的效果。再比如，竞赛套路中的抱球动作，肘部已经上翻，变成悬肘了。而在传统套路中，则只有"合"这个动作，与"收发开合"连成一体，依然讲究沉肩坠肘。

传统太极拳的拳理、动作和心法，正配合人体脊椎保健的需要。太极拳强调放松，姿势正确，不过分扭曲身体，动作缓慢匀行而圆活，使脊椎处于放松状态。正确的姿势能改善脊椎的偏歪、变形，促使脊椎发挥正常的功能，减低与脊椎相关的疾病。圆活的动作可使内在气血和顺，还可使精神放松，起到有病治病、无病强身健体的作用。左歪右斜，前挺后弓这些无意识的动作，都会对神经系统起到压迫作用，导致神经系统传导迟滞缓慢。

在传统套路中，对于脊椎要求屈中求直，但在竞赛套路中更讲究美观，而屈中求直退居其次。所以竞赛套路要求把膝盖往前弓，腰尽量挺直，形成一个弯曲的状态，这不符合养生的规律。

整体来说，竞赛套路为了竞技的美观、大方，从根本上扭曲了传统养生的一些原理。脊椎和膝关节动作不准确，这是两个最大的问题，所以很多人在练习过程中，会觉得膝盖疼，甚至很多老年人会练到膝盖受伤。故太极拳界，甚至包括杨式太极拳流派，都在批判竞赛套路。

为什么选择陈式太极拳？

目前流传的陈式太极拳很好地保留了传统太极拳的精华，主要内容包括螺旋缠丝和松活弹抖。传统套路的一路拳以柔为主，柔中有刚；二路拳以刚为主，刚中有柔。总体来说，陈式太极拳刚柔相济，所有的技击围绕螺旋、缠丝、穿透、旋转展开。陈式太极拳的特点显著地表现为螺旋缠丝、大开大合，而杨式太极拳则更多地表现为松柔圆活。

陈式太极拳本身就包含了健身和养生两个方面的东西，它将《河图》、《洛书》之太极阴阳八卦学说和导引、吐纳及中医经络学说相结合，熔诸家之长于一炉创编而成，所以陈式太极拳处处体现了太极文化和太极拳功理法的要求，并包括了套路、推手、器械的丰富构成。

本书介绍的太极十二式，是陈式太极拳入门的技术，以太极十三势为贯穿主线。太极十三势就是"掤、捋、挤、按、采、挒、肘、靠、进、退、顾、盼、定"。这十三势，分为上肢动作和下肢动作，再简单地说，就是八卦和五行。"掤、捋、挤、按、采、挒、肘、靠"称为八卦，"进、退、顾、盼、定"称为五行。八卦的表现是手法，五行的表现为步法，归纳起来，有"胸怀太极，手按八卦，足踏五行"的说法。所以掌握了太极十二式，也就掌握了太极拳的基本骨架。

四、当今陈式太极拳的发展

由古至今，陈式太极拳在陈家沟仍然沿袭着传内不传外、传男不传女的潜在规定。一直到20世纪80年代初，陈式太极拳才开始慢慢开放，走向世界。

正本清源

5

从 20 世纪 80 年代至今，在仅仅三十多年时间里，陈式太极拳迅速发展。虽然杨式太极拳开始广泛传播的时间比陈式太极拳早了一百多年，但是全世界太极拳不同流派的习练者比例，增长速度最快的，是陈式太极拳。在未来的五到十年，习练陈式太极拳的人数一定会大幅增加，陈式太极拳会被越来越多的人认可。

如今，陈式太极拳中优秀的一支——陈式太极拳王西安拳法，已经在海内外广泛传播。

王西安是当代陈式太极拳代表人物，享誉世界的太极拳王。他出生于太极拳发源地陈家沟，自幼随陈式太极拳大师陈照丕和陈照奎习练太极拳，前后 20 余载，掌握了陈式太极拳的全部精髓。他的套路演练舒展大方、形神兼备、充满美感。他的技击技术极佳，跌打掷放，迅、猛、灵、脆，威力惊人，具有鲜明的特点。

王西安在陈式太极拳的基础上，对拳法养生和技击两大方面进行了改良创新。从养生的角度来讲，他更多地阐述了如何合理地运用丹田气来打通大、小周天。他发明了一套独特的站桩、养生功法，能更好地达到养生的效果。在技击方面，王西安在陈式太极拳的基础上，更合理地深挖了一些技击的原理。所以，王西安拳法在陈式太极拳之中一直独步天下，陈式太极拳王西安门下弟子创造了连续十年包揽国际太极拳比赛所有级别比赛金牌的不败传奇。

王西安长子王占海，尽得父亲拳艺真谛，功夫纯厚。17 岁即获得全国太极拳交手冠军，并连续十年蝉联国际太极拳比赛冠军，被誉为"无敌战将"。王占海自创的多项太极拳交手技法，至今仍在全国比赛中为太极拳选手采用。

王西安次子王战军，在河南省多届太极拳武术锦标赛、全国武术太极拳锦标赛以及国际太极拳年会中屡登冠军宝座，被誉为"常胜将军"。

2005 年，文化部开展了第一批国家级非物质文化遗产项目代表性传承人的申报和评审工作。经过层层推荐、评比，2007 年，王西安被选为首批国家级非物质文化遗产太极拳项目代表性传承人。

太极，薪火相传，生生不息。

上篇

不可不读的太极故事

从清朝到当代，陈式太极拳创立、发展、传承、发扬，一路故事不断，节节精彩，引人入胜，不可不读。

一代宗师陈王廷创编太极拳

技震木门寨

【陈王廷小传】

陈王廷，字奏庭，生于明末清初，天资聪慧又勤奋好学，不但深得家传武学精髓，武功出类拔萃，而且广泛涉猎经史子集，学识渊博。

明朝崇祯年间，陈王廷被提升为县乡兵守备。明朝覆灭后，他隐居故里，整日研读《黄庭经》，习武不辍，同时倾心搜集、研究民间武术，比较其优劣异同，并且加以继承和创新。

到了晚年，陈王廷在祖传拳术和多年研究民间武术的基础上，将自己所得与《河图》、《洛书》之太极阴阳八卦学说，导引、吐纳及中医经络学说相结合，熔诸家之长于一炉，呕心沥血，创编出一种阴阳开合、虚实转换、刚柔相济、快慢相间、老少咸宜的拳术和器械套路。这些拳械套路均依据太极之理，由无极至太极，由无相而生有相，由静而生动，每个招式都分阴阳，形成了太极拳械的雏形。新拳创编之后，即在陈氏家族中世代相传，这便是我国最早的太极拳。

清朝康熙初年，怀庆府温县县东有个传奇的村庄，名唤陈家沟。

此时正值三伏季节，烈日炎炎。在陈家沟去往山东的官道上，两匹骏马风驰电掣一般飞驰着，驾马的二人是陈家沟的陈王廷和蒋发。此次进山东，是因为家中不久前发生的一件盗牛事件。

几天前，陈王廷和蒋发外出访友，只一天未归，不想家中的两头牛却被人偷走。偷牛人竟然还在墙上留下一张柬帖，上面写着："家住山东木门寨，慕名访友来偷牛，无胆来者是小人，有胆来者是朋友。"陈王廷拿着柬帖，他还没发表意见，蒋发却已经气坏了。

蒋发虽然平日里幽默风趣，豁达大度，但他却连针尖大的气都受不了。如今见这柬帖，一股怒气直冲顶门，他急切地和陈王廷说道："兄长，这山东木门寨和陈家沟，素无恩怨，也无来往，派人来偷牛不说，竟然还留下这柬帖，这不是明目张胆地往陈家沟人的眼中揉沙子吗！俺蒋发非去见识见识这木门寨不可！"他愤愤不平地撕碎柬帖，又说道："哪怕他木门寨刀山剑树密密排，天罗地网层层布，俺蒋发也要去闯它一闯，碰它一碰！"说着，两眼望向陈王廷，等他发话。

陈王廷此时正在来回踱步，一边暗自揣摩："自己从未去过木门寨，更不要说有过节了。如果是有仇家买通黑白两道的人物前来寻衅生事，那么，就是自己不去，他们也不会善罢甘休。何况，柬帖上明明写着'慕名访友'，并无恶意在内。如此看来，这一趟非去不可。"

蒋发在一旁急得头上冒火星，又说："兄长，牛被偷了，还下了这柬帖。你要不去，我可要顶着你的名字去讨牛了。"陈王廷笑着开口道："去，但不是去争强好胜，恶斗施威，而是去会会这个朋友。"于是第二天一早，陈王廷和蒋发结束停当，身上各悬利刃，告辞家人之后，就直奔山东而去了。

进入山东境内的时候，天已热得让人喘不过气来。陈王廷与蒋发已经疾行数天。陈王廷体恤蒋发，恐怕他受不住炎热，要他找个凉快地方歇一会儿再走。但蒋发恨不得一步就迈到木门寨去兴师问罪，非要继续赶路不可。陈王廷拗不过他，说道："想不到天气越热，贤弟的脾气倒越急，火气越大！"

吃尽千辛万苦，二人终于在一日酉牌时分，来到了木门寨。只见寨墙高大，墙上旗帜鲜明，刀枪林立，墙外壕宽水深，吊桥高挂。寨门紧闭，门上方横镶一块石匾，上刻"木门寨"三个大字。但四周静悄悄的，不见一个人影。

技震木门寨

9

二人正观看间，猛听到一阵呐喊，寨墙上涌出一群人来，一位老人被簇拥其中。这老人，年已耄耋，却身高六尺，相貌堂堂，气度威严，英华内敛。陈王廷见了，心中不禁暗暗称赞。

老人笑容满面，在寨墙上一拱手，朝陈王廷道："王廷公，请了！"蒋发正惊愕间，陈王廷微微一笑，早已下得马来，一只胳膊夹住战马，就地一纵，腾空而起。半空中，只见他右脚在岸边柳树柔枝上一点，轻飘飘地登上了寨墙。

陈王廷的精湛武功，立刻博得了寨墙上众人的一片赞叹声。此时寨门大开，吊桥被放了下来，接蒋发进寨。陈王廷与老人寒暄后，又与众人见了礼，然后向老人介绍蒋发。那老人只说了句"久仰"，随即在前引导，一行人走下寨墙。

陈王廷放眼望去，见前方一箭之地，有一所大宅院。来到大门口一看，只见大门洞连着一条宽有八九尺、长有两丈多的胡同，老人双手一拱，摆出让客先行的姿势，口中说道："王廷公，请！"

陈王廷微微一笑，抬腿迈进大门，没想到他的一只脚还没踩稳，就听到"飕飕"风声，只见大门洞中，三支连珠箭，直直照着陈王廷射来。情势危急，陈王廷想躲已经根本不可能，跟在后面的蒋发也大吃一惊，心中暗自惊叫："完啦！"

情急之中，只见陈王廷身影未动，出手却疾如闪电，一把接过第一支箭，只听"啪啪"两声，他已顺势将剩下的两只箭拨落在地。紧接着，只见他身子轻轻一耸，整个身子顿时轻如云雀，霍霍几步飞穿过胡同。胡同两侧突然射出的如林箭雨未能击中陈王廷，径直撞到对面墙上后都纷纷落在了地上。原来，久经江湖的陈王廷想到走廊里肯定还会有暗器，凭着绝世轻功轻松地躲过了此劫。

蒋发在大门外，见了这种情况，不禁暗叫惭愧。他担心兄长安全，就地一跺脚，身子腾空向走廊斜飞过去。到了走廊中间，脚尖在地下虚点了点，又腾空而起。两个起落，早已到了陈王廷跟前。跟在老人身后的人叫道："好一个'燕子穿帘'！"

老人见陈王廷二人，过了第一道走廊，不禁暗中竖起大拇指。他立即叫人关了机关，和其他人一齐跟了过来。

陈王廷过了第一道走廊，见二门洞构造和大门洞一样，只不过暗器换成了梅花桩而已。所谓梅花桩，就是用三尺来长的木桩，按梅花形排列，隐蔽在墙内，如果触动了暗道机关，巨木便和暗弩一样，急射而出。说时迟，那时快，陈王廷早已飞穿过了第二道走廊。蒋发也依前法跟了过来。

陈王廷等人穿过一道月亮门，见是一个数亩大的场院。场内摆着两个兵器架，上面插着刀、枪、棍、鞭、斧、叉等兵器。几个练武大汉抢了过来，口中喝道："待俺们来领教你的高招！"霎时，使枪的抖起一团斗大的红缨，使刀的将刀使得风声呼呼，齐往陈王廷身上招呼而来。

说时迟，那时快，只见先前那位老人疾似鹰隼，早已纵身而起，如一只飞鸟般又轻又准地落在了陈、蒋二人面前。他右手肘一举，刺到陈王廷脸前的一杆银枪早斜刺飞起；紧接着又以迅雷不及掩耳之势捉住攻到近前的一个大汉的手腕，往怀里一带一翻，另一只手往前一抹，大汉手里的刀早到了老人手里。老人接着手一挥，那把钢刀直直飞出，"哐啷"一声落回到刀架上。老人鼻子一哼，把脚往地下一跺，口中怒骂道："放肆！这是我特意请来的朋友，尔等竟敢冒犯，还不退下！"那几个大汉，唯唯连声，返身自去。

一场争战，速战速决，却已尽显那位老人威猛异常，武功不弱！老人虽然年事已高，行动却丝毫不带迟钝、蹒跚之态，身法如奔雷闪电，内劲如泄洪惊涛，因为刚才他不过一跺脚，脚下的铺地方砖，已经陷下数寸，碎如粉末。

一旁的陈王廷镇定自若，只微微一笑。

原来，在江湖上，有一条虽不成文却世代相传的规矩。江湖上的好汉，双方在初见面后，尚未摸清对方虚实之前，总要想方设法亮出自己门派的绝招，或兵器，或拳脚，或暗器，或内功。这就与文人墨客们初次见面，饮酒、赋诗、填词以显自己才华是一个道理，无非想借此使对方了解自己，并非有意卖弄。刚才陈、蒋二人已显示了精湛的内功，在老人一方看来，如果没有表示，不是叫人看低下去吗？因此，才敷衍出刚才这段插曲来。

蒋发自幼投师学艺，后来上玉带山当了义军，虽然屡经战阵，但毕竟不是常走江湖之人，哪里知道这些规矩。因此，他手握刀柄，眼观四方，暗暗提高了警惕。

且说二人在老人陪同下，来到会客厅，分宾主坐下。陈王廷打量了客厅一眼，见客厅布置得十分雅致。窗外竹影摇曳，房内习习生凉。

陈王廷一边品茶，一边和老人闲谈。陈王廷问道："不敢动问老先生上姓高名，如何认得在下兄弟？"老人却顾左右而言他："陈兄武功，闻名遐迩，今日一见，果然非凡，令老朽大开眼界！"陈王廷连称："不敢不敢。"

此时，夜幕低垂，仆人来报，酒筵已备好。老人立起身来道："粗茶淡饭，

略尽地主之谊,请!"起身在前,引导陈、蒋二人来到一个水上花厅。

花厅正中,悬挂着一盏琉璃吊灯,正中桌上,珍肴美味、佳酿醇酒满席摆好。蒋发怕筵席隐藏杀机,为了便于观察动静,便哈哈一笑,一纵身跃到花厅大梁上,口中说道:"在下失陪了!这里风凉,又看得远,我就坐在这里吧!"说罢,双膝一盘,竟兀自坐在梁上。

老人道:"蒋兄性情爽快,不拘小节,正是英雄本色,难得,难得!"又向旁边的仆人吩咐道:"好好给这位蒋大爷上酒上菜!"一个负责上菜的大汉,早听出了主人话中的意思,拿起一个酒瓶便向蒋发掷去。蒋发听那酒瓶带着风声,朝自己胸前砸来,知道力道甚猛,右手一伸,劈手一把抓住,又伸出左手接住飞来的酒杯,斟满酒,"咕咚"喝了一大口,一手执瓶,一手执杯,自斟自饮,好不自得。

那大汉又端来一盘肥肉块,几把明晃晃的匕首摆在盘边。他用匕首扎了一块肥肉,"嗖"的一下,将肥肉连着匕首一齐朝蒋发掷去。蒋发盘腿坐在梁上,见匕首飞来,张开口,"哈嗒"一声,将匕首扎的肥肉咬个正着。又听见"咯崩"一声,空刀掉下,大汉伸手接住。

蒋发将肉咽下后,叫道:"好端端的肥肉中,如何有碎骨头?""噗"地一下,吐出了匕首尖。那大汉这才发现匕首被齐齐咬下半寸多长,不由暗暗心惊。

不一时,酒过三巡,菜过五味,陈王廷见请教几次,老人始终不通姓名,只用言语支吾,遂也不再询问。

过了一会儿,老人站起身来道:"陈兄,老朽有事要出去一下,失陪了!"陈王廷笑道:"老先生请便!"老人遂离开桌子,向花厅外走去,随即,那几个仆人也纷纷退去。陈王廷抬头招呼蒋发道:"兄弟,下来吧,又有事干了!"

话犹未了,听见花厅外响起纷沓的脚步声。门开处,一下子拥进十多名大汉,舞刀弄棍,直扑陈王廷。**陈王廷一笑间,早已一跃而起,刷地抽出背上单剑,舞起太极剑法,力迎狂敌。只见他手腕翻转,剑如飞花,周身瞬间缠起条条白练,寒光飞泄处,剑气霎时凝聚成一个大气磅礴的寒光冰团,只听剑鸣风啸,不见舞剑之人。**而寒光所至之处,那些个大汉叫的叫,跌的跌,一个个如西瓜般滚出圈外,再看他们手中的兵器,早已被利剑削的削,斩的斩,震落一地,无一完好,而他们的人,却一个个衣衫未破,毫发未损。

12

一看开打了，蒋发也飞快地从梁上跳下，拔出单刀，加入战斗，刀光剑影中，只听陈王廷叫道："贤弟，刀剑无情人有情，不要伤了他们的性命！"蒋发见那老人屡次三番为难，自己弟兄若是武功稍差，恐怕早已死于非命，正积了一肚子恶气没地方出，虽然按兄长嘱咐，不伤众人性命，但却施展出浑身解数，一片片刀光、掌影向身旁几个大汉卷去。转眼间，早将面前几个大汉打翻在地，吓得其余的大汉缩在大厅门口，不敢近前。

不过片刻之间，十多个大汉全被兄弟俩打翻在地。陈王廷不想再和其他人争斗，向蒋发示意，叫道："贤弟，灭灯！"蒋发会意，抄起掉在地下的匕首，往空中一掷，吊灯的绳儿霎地断成两截，吊灯砰然落地，摔得粉碎，花厅中顿时漆黑一片。

正在这时，院里忽然灯火通明，厅门大开，老人率人走了进来。只见自己的人一个个滚瓜一般躺了一地，而陈、蒋二人却踪迹不见，他赶忙抱歉地喊道："陈、蒋二位仁兄，恕老朽无礼了。"话音未落，从山墙和梁上飘落二人，正是陈王廷和蒋发。

原来那老人姓熊，原籍山东，流落关外，曾组织义民抗清。后见事不成，这才隐居家乡。这位老人专爱结交天下豪杰，闻听陈王廷之名，遂想结交，可惜素不识面，无计可施，才叫徒弟以偷牛为饵，将陈、蒋二位诱到山东来。木门寨一战，陈王廷和蒋发的功夫让熊寨主深为敬佩，不但送还了偷去的牛，还和陈王廷结成了莫逆之交，在武林上留下了一段传奇佳话。

【陈王廷时期太极拳的发展】

    陈王廷创编了最初的太极拳套路，其中包括太极拳五路、炮捶一路、双人推手及刀、枪、棍、剑、锏、双人粘枪等器械套路。

    在太极拳创编过程中，陈王廷与好友蒋发反复切磋和修改拳架，后来陈王廷将所创太极拳传给蒋发、族侄陈长兴以及自己的儿子陈汝信。

13

太极拳第二代传人陈所乐继承真谛

江湖遇险

【陈所乐小传】

陈所乐，清朝康熙年间人，太极拳第二代传人，师承陈王廷而得太极拳真谛。

他生性豪爽，爱打抱不平，深得乡亲和江湖武林同道推崇。家境富裕，虽偶尔应朋友之邀跑趟镖事，但并不以此为生。

他一生致力拳术教育，平日在陈家沟设帐授徒，陈氏子弟从其学武者甚多，其中佼佼者有侄儿陈光印、陈正如和孪生子陈恂如、陈申如等，其他弟子也多为太极拳名人，如陈敬柏、陈继夏、陈有恒、陈有本、陈清萍等。

康熙二十年，这一年的八月十五中秋节，恰逢中原镖局大当家"单刀李"的五十三岁寿辰，远近镖局以及一些江湖朋友前来祝寿的络绎不绝。寿辰这天，镖局中开了几十桌寿筵，热闹非凡。

作为寿翁的"单刀李"，虽然眼前景象热闹，可他的心中却沉甸甸地痛快不起来。原来，前来祝寿的人中，有几个是通家子侄，问起这些人的令尊，才几年光景不见，有的已卧病在床，有的已撒手西去，不禁十分伤感。回想自己在江湖上混了一辈子，靠祖上庇佑，虽然道途险恶，总算没受过大的挫折。个中辛酸，也只有自己体味，这种刀尖上趟路的日子，几十年下来，弄得自己未老先衰，心力交瘁，精力已大不如前。

想到江湖险恶，"单刀李"决心趁此机会见好便收，早日封刀退隐，过几年清静日子，免得因自己年岁渐高，行走江湖再出什么纰漏，一世英名也将付之东流。而当务之急是安排好继任总镖头、副总镖头。他将镖局里的镖师像过筛子似的过了一遍，觉得只有自己的弟子、镖局现任副总镖头杨忠信最合适升任总镖头，也顺理成章。

副总镖头的人选，"单刀李"心中有三个。

一个是镖师张良玉。他四十多岁，是自己的结拜兄弟。当初和"单刀李"一起开创镖局，出了不少力气。可惜他性格火爆，只是个冲锋陷阵的猛张飞。李庆暗暗摇了摇头。

第二个人选是镖师王堂。此人生得像个白面书生，眉清目秀，不到而立之年。一身家传武功，在镖局中排得上前几名。他自幼随父行走江湖，对江湖上的三规六矩熟悉得就像身上穿的衣服一样。但"单刀李"凭走了一辈子江湖的经验，总觉得王堂这个人平日好像在做戏。自己虽然没有拿住他什么把柄，但这种感觉却不时泛上心头。

第三个人选，便是来镖局半年的陈所乐，即陈王廷的嫡传弟子，陈氏第十世，陈式太极拳第二代传人。"单刀李"早年仰慕陈王廷是个英雄，有心拜访，但事务缠身，二人至今尚未谋面。陈所乐进镖局后，"单刀李"得知他是陈王廷的弟子，很是高兴。待到和陈所乐亲自过招后，心中对陈王廷越发景仰，暗叹江湖传言不虚。又见陈所乐胸怀坦荡，以诚待人，为人精细，豪爽义气，遇事很有主见，虽说只走了两趟镖，但理事井井有条，平日对人和气谦虚，很得众镖师称赞。但让一个

江湖遇险

来镖局仅有半年且又如此年轻的人任副总镖头，众人服不服呢？

无独有偶。在"单刀李"为副总镖头人选拿不定主意，忧愁得吃饭不香、睡觉不甜的时候，镖局中另一个人也为此事煎熬得彻夜难眠。

他注意到，八月十五老镖头那伤感的样子，如果自己看得不错，那么，老镖头很可能由此萌发封刀退隐的念头。如果老镖头退隐，总镖头的位子定是杨忠信的。那么，由谁任副总镖头呢？他也将局里的镖师一个个过了筛子，觉得局里无人能和自己争锋。要有，便是这个陈所乐。

想到这里，这些天来，积聚在心头的那股酸溜溜的醋水，应时化成了熊熊燃烧的炉火。他暗暗咬牙切齿道："哪怕是亲娘老子，只要他阻拦了自己的路子，老子也得想法子除掉他！"

他忽然想起一个镖师说，今日一早，镖局又接了一支暗镖，是保往山西霍州的，老镖头已派陈所乐和另外一个镖师走这趟镖。他好像落水的人，抓住了一根救命稻草一样，兴奋得一下子坐了起来，心中暗道："量小非君子，无毒不丈夫！我何不如此如此，一箭双雕，既还了独眼龙的旧账，又解了自己的心头之恨！"

而这时，住在厢房北头的陈所乐，准备好了明日走镖所用的东西后，又将他和老镖头商定的办法想了一遍，觉得万无一失，这才沉沉进入了梦乡。

第二天日上三竿之时，只见镖局门外走过两个人，一个年约四十，剑眉星目，身材高挑，着一身蓝衫，头戴方巾，脚踏云靴，丰姿挺秀，玉树临风。他骑着一匹红色大马，马后跟着随从一名，年约二十余岁，粗眉大眼，憨厚朴实，肩上挑着两个半旧的书箱。这两人一看就知道是主仆身份，其实也是这趟暗镖的货主。看到货主已到，早已装扮成客商模样的陈所乐和一同保镖的徐镖师赶快牵马登车，佯装并不认得这二位客人，但却不远不近地跟在此二人后面，往山西迤逦而去。

行走多日，终于到达山西境内。这天，一行人行至青牛山下，陈所乐忽然想起一件事来。来之前，李总镖头曾对他们叮嘱说，青牛山上有个山大王，外号唤"莽和尚"，他原是吴三桂手下一员猛将，看到大明江山土崩瓦解，吴三桂变节投清，感叹世态无常，遂抛却红尘，削发出家。但时逢乱世，寺院多遭乱贼荼毒，他愤然而起，招集兵马，入山做了强寇。他虽身为强盗响马一流，但勇猛忠义，江湖上颇有侠名，和李总镖头也是多年老友，所以李总镖头修书一封，让陈所乐代为转交，倘在青牛山左右遇事，他一定会鼎力周旋。

几个人正要上山，猛听得前面一阵呐喊，接着看到从山坡上窜出几十个手持刀枪的强人，气势汹汹挡住了去路。陈所乐一惊，心知遇上了强人，正要开口，只见人群后缓步走出二人。打头的那人是个独眼龙，黑瘦的马脸像挂了一层严霜，使人望而生寒；他左目已瞎，独目之中，精光暴射，手提一口单刀，身上斜挎着一只豹皮囊。另一个人，修长身材，面如傅粉，唇似涂丹。白皙的脸上，似乎带着笑容。一身长衣，被山风吹动，衣裾扑扑有声，背插一口宝剑。

独眼龙"嘿嘿"冷笑一声，用破锣一样的嗓音道："陈所乐，老子等的便是你这趟暗镖！"陈所乐听他们不是青牛山的人，心中不觉一沉。回头叫货主下马，让徐镖师在一旁招呼，然后冷笑一声道："如此说来，二位是想拦路抢劫了？只怕拱手送你都没福气拿。好，你们两人一起上吧！"

独眼龙说道："这小子牛皮吹得比天大，眼里哪有你和我！不给他点厉害瞧瞧，他还以为咱俩都是窝囊废。上，和他还讲什么江湖规矩！"那书生被他煽动，拔出了宝剑。二人刀剑齐举，扑了过来。

一刀一剑，一左一右，寒光迸射，如骤风暴雨般卷向陈所乐。看他们来势凶猛，众人都替陈所乐捏了一把冷汗。**但陈所乐却颇为镇定，一把拎过随身携带的那柄重达七八十斤的青龙偃月刀，坦然迎敌。只见他步伐凝稳，一把大刀舞得呼呼带风，势如猛虎下山。刀锋旋转时如冰雹雷集，横刀切抹又如风穿竹林，下砍时如泰山压顶，上撩时刃挟寒风，变幻莫测，神龙见首不见尾。不见他雷霆大发，却是柔中带刚，四两拨千斤。**陈所乐一人大战两个强盗，斗了两百个回合，半点怯弱不显，早看呆了所有人。

独眼龙和那书生模样的人看似面色平静，其实此时俱已胆战心惊。这两个强人，平时为非作歹，也算见过世面，经过许多厮杀，但陈所乐所使刀法却让他们目瞪口呆。此刀法高深莫测，变幻无常，且又凌厉万分，闯荡江湖多年，他们竟然从未见过此种刀法，更分辨不出此刀法是哪种流派，师传何方。这也怪不得他们没见识，此刀法乃陈王廷精研百家武学后独创，时称"春秋大刀"。

三人又斗了一百多个回合，独眼龙见不能取胜，心中更急，独目一闪，立生奸计。只见他忽然跳出圈子，口中叫道："王兄，你缠住这小子！"那书生模样的人听到这话，剑法更紧。独眼龙见状，从豹皮囊中掏出毒镖，趁陈所乐应付剑招的时候，手一扬，照陈所乐打来。

　　却说陈所乐见独眼龙忽然跳出圈外，就心知有诈，早有防备。打斗间眼角瞥到独眼龙手一扬，知是暗器，遂双手握刀，猛地砍向对方，顿时逼得书生连连后退。紧接着竖刀转腰横扫，只听"叮当"一声，毒镖被刀尖击中，掉在地上。陈所乐目睛一闪，只见镖尖发黑，还散发出一缕细如游丝的腥味，知此镖喂有剧毒，暗骂道："真是江湖败类！无耻小人！"

　　独眼龙见一镖未中，又被陈所乐看破机关，索性一连抓出数支毒镖，蹿高纵低，手儿连扬，连珠炮儿似的向陈所乐发出。陈所乐也施展刀法，只听萧萧刀鸣，一片寒光成团，却不见舞刀之人的踪影。独眼龙所发毒镖，皆被陈所乐精刀所挡，坠落在地。寒光闪烁中，猛听得连声惨叫，使剑书生早已跳出圈外，只见他肩中毒镖，一条胳膊下垂，臂上全是鲜血。

　　原来，方才独眼龙一连发出数镖。有一支却不偏不倚，正中书生的肩头。独眼龙一看误伤伙伴，顿时大吃一惊，匆忙掏出解药，隔空向同伴掷去。

　　但就在此时，空中倏地掠过一条身影，劈手将解药抓去。原来是徐镖师在一旁看得清楚，夺了劫匪的解药。陈所乐叹息一声道："徐镖师，念他年纪尚轻，家中定有老母幼子，饶他一命也罢！"徐镖师心有不甘，但念陈所乐面子，遂将解药负气扔于书生脚下。一旁书生的从人，已如飞般捡起解药，喂书生服下。书生满脸羞愧，挣扎起身子，对陈所乐抱拳揖礼道："俺'琴剑书生'王识途有眼无珠，受人蛊惑，与陈兄为敌。诚蒙陈兄手下留情，此恩此德，在下誓死不忘。今后有你陈所乐在，俺王某永不出江湖！"说罢，转身蹒跚而去。

　　独眼龙一看帮手扬长而去，情知败局已定。正思忖怎样溜走，猛听得马蹄声响，接着一个炸雷似的声音传来："大胆狂徒，竟敢在老佛爷地头为非作歹！"

　　陈所乐等人听得大喊，抬头望去，只见一匹火炭般的高头大马上，端坐着一个身着红色袈裟的胖大和尚，吼声如雷，如一团跃动的烈焰、飞卷的晚霞，从山道上冲将下来。

　　陈所乐一见，急忙紧走几步，抱拳施礼，朗声道："来人可是智通大师？在下陈所乐，乃怀庆府'得胜镖局'的镖师，与徐镖师保一笔暗镖到霍州去。途经宝山，正要上山拜见大师，不意有人劫镖，在此争斗，扰乱了大师清修！"说着，掏出李老镖头的书信递上，一旁徐镖头也赶快上前拜见。

　　莽和尚看了书信，问道："是谁胆敢在此劫镖？"陈、徐二人尚未答话，莽和尚已转眼看到了胆颤心惊的独眼龙，不由怒道："好啊，又是你在此为非作歹！"独眼龙见势不妙，虚晃一招，落荒而逃。

长话短说，不日陈所乐一行护镖成功，返回镖局。看到一行人安全归来，李老镖头很是高兴。陈所乐乘这个机会，将路上的遭遇说给了李老镖头。李老镖头听了皱着眉头，口中道："想不到出了这事。"话锋一转又道："陈镖师，这次你和徐镖师为镖局出了很大的力。咱们便在一块乐呵乐呵，一者吃顿团圆饭，二者也为你们接风洗尘。"说完，不等陈所乐开口，便吩咐厨下师傅准备酒席，为陈、徐等镖师接风。

席间，众人纷纷给陈、徐二人敬酒。陈所乐虽然心中郁闷，但推辞不过，只得一连干了十数杯，不觉已微醺。这时，王堂端着酒杯、酒壶，摇摇晃晃走过来，口中道："陈兄这次力挫强敌，保住暗镖，可喜可贺！小弟实在佩服，小弟敬你三杯！"陈所乐虽然讨厌听这奉承话，可推辞不过，只得将三杯酒一一接过喝了。

谁知三杯酒下肚，立刻觉得天旋地转。一阵酒气上涌，忍不住"哇"地一声，吐了一地，随即趴在桌上呼呼睡去。众镖师诧异道："他平日酒量甚豪，为什么今天喝了这十几杯酒，就醉得这么厉害？"几个镖师七手八脚将陈所乐抬到屋中。偌大一个后院，只留下陈所乐一人。

陈所乐一觉醒来，觉得十分口渴。正要起身点灯倒杯水，猛然瞥见，映着昏黄的月光，窗外好像趴了一个人，在向屋中窥探，不觉一惊。急忙中，去摸枕下宝剑，谁知摸了一个空。心中一急，冒出了一身冷汗，立时感到身上轻快了不少。这时，只听那人轻轻冷笑一声，推开窗户，跳进屋来。

陈所乐见黑衣人窜到床前，心中大急。有心翻身坐起，但觉浑身骨头都是软塌塌的，他想呼唤人来，又觉得嗓眼儿火辣辣的，发不出声音。眼见得黑衣人走到床前，举刀砍来。急切中，陈所乐咬紧牙关，用尽力气往床里一滚，顺手抓起了枕头，挡过一刀。但仅此一动，已累得他手脚发软，气喘吁吁，再无半丝力气。他不由得心中悲叹："莫非我陈所乐今天竟要毙命于此？"双眼一闭，等着黑衣人第二刀砍下。

黑衣人见陈所乐喘息不止，闭目等死，发出一阵得意的冷笑，说道："陈所乐，你想不到有今天吧？在青牛山你好威风啊。如今，你的威风哪里去了？"陈所乐一听黑衣人的声音，心里陡地一惊，睁开双眼，他费了好大的劲，才说出："你

是独眼龙？"黑衣人嘿嘿冷笑道："你想不到吧！"

　　独眼龙举刀正要砍下，只听"呼"地一声风响，刷地从窗外飞进一人，独眼龙还没反应过来，一支利剑已刺进他的后背。陈所乐抬头一看，只见淡月清辉之下，一个着一身白衣的年轻人，持剑而立。独眼龙见状大怒，强忍着疼痛，返身与他战在一起。

　　只见他身似行云，步如流水，进退趋避，十分灵动。长衣飘飘，矫捷至极。手中一支宝剑使得似出海蛟龙、下山猛虎，凌厉处似闪电炸雷，轻缓处也如风含利刃，招招奇幻无比，式式玄机深奥，挥挥洒洒，一片寒光，把个独眼龙团团罩住。无处躲无处藏的独眼龙，只得携着一腔怒气，刀光闪闪，劈、刺、截、扫、斩、削、砍、剁，刀势凌厉，招式歹毒，却始终攻不进这年轻人的剑光圈中。陈所乐尤为惊奇的是，这年轻人的身法、剑法怎么和自己家传的太极剑法一模一样？难道他是陈家沟来的人？

　　独眼龙见久战不胜，怒火大炽。除右手大刀紧逼外，左手也横掌如刀，就见他一刀一掌，左砍右劈，前遮后拦，盘旋冲杀，进攻威力立时大增。那年轻人虽然身随剑走，剑随身进，门户封得很严，独眼龙一时半刻攻不进去，但已面上见汗，喘息之声可闻，攻势渐少，守势渐多。陈所乐不由心中着急："这年轻人剑法精妙绝伦，与这独眼龙堪称对手，可惜后力不继！"

　　陈所乐此时感觉身上稍有力气，便要助恩人一臂之力。转眼看到床头桌上有一砚台，便抓在手里，瞅个空隙，拼尽全力将手中砚台脱手掷出。独眼龙哪里会想到站立不稳的陈所乐会偷袭，待惊觉时，砚台已中后脑。年轻人趁机一脚，踢飞他的刀，又一剑刺中了他的大腿，独眼龙扑倒在地。

　　陈所乐喘息未定，对着白衣人拜礼道："今日若非兄长仗义援手，只怕俺陈所乐早已死在这恶贼手中。救命之恩……"白衣青年却嘻嘻一笑，还剑入鞘道："哥哥，你不认得俺了？"陈所乐点着灯，借着灯光仔细观看，原来来人竟是自己的妹妹所玉！

　　原来，所乐母亲患病，思儿心切。所玉为母分忧，要来找哥哥回去，但又怕爹娘不答应，所以女扮男装，拿了宝剑，从后门偷偷跑了出来。来到镖局外的一家饭店，准备吃了饭就去镖局找兄长，偏巧吃饭时邻桌有两个人正在议论"陈所乐"，她便上了心，仔细一听，原来正是独眼龙和另一个人在商量除去陈所乐密事。

只听一个细声细气的人对独眼龙悄声说："我已在今日为他接风的酒中做了手脚。任他再厉害，到时也像死人一样，还不是任你摆布！放心干吧，到时我把他的佩剑也拿走……"

陈所玉心下大惊，情知哥哥有难，于是便尾随独眼龙身后，跟踪到这里……

躺在地下的独眼龙，听陈所玉说完事情始末，长叹一声恨恨道："命该如此！命该如此！"

陈所乐道："独眼龙，陈某与你往日无仇，近日无冤，你为何屡次三番找我的麻烦，今晚还要取我性命？你说，和你在饭店密谋的人是谁？"

独眼龙哈哈大笑道："今日咱家犯在你兄妹手中，要杀要剐，悉听尊便！咱家要是皱一下眉头，不算好汉！老子的骨头还没有那么软。想叫老子出卖朋友，休想！"

这时天已微明。李老镖头见陈所乐昨日喝酒不多，却醉得厉害，夜里放不下心来，一大早便叫上了徐镖师等人，赶往镖局后院，来看陈所乐。一进屋，见了躺在地下的独眼龙和正在与陈所乐说话的陈所玉，不禁一愣。听李老镖头发问，陈所乐便把夜里发生的情况说了一遍。

李镖头问道："据你所言，这独眼龙进屋之时，你已发觉，为何……"陈所乐道："当时我浑身软塌塌的，没有一点力气。待后来听说，才知有人在昨日喝的酒里作了手脚！"众镖师听了，大惊失色。李镖头却面平如水，只若有所思地"呃"了一声，不再言语。

众人正说着话，听见一阵脚步响，王堂慌慌张张跑了进来。还未进屋门，便尖声细气地叫道："陈兄他，他怎么了？"跟着挤进人群，张目望去，见陈所乐在床边坐着，不禁一愣。低头看见地上躺着的独眼龙，如同见了鬼魅，"你"了半天，才说道："你是什么人，如何在陈兄房中？"李老镖头冷冷地问道："你不认识他？"王堂一惊，随即平静地道："我如何认识他？"李老镖头道："有人在昨日酒中作了手脚，以致陈兄毫无抵抗之力。这独眼龙来行刺，正好这位兄弟赶到，刺伤了他，这才救了陈镖师！"

一丝惊慌之色从王堂那白皙的脸上掠过，忽然，他弯腰拾起独眼龙的刀，照独眼龙砍去，口中骂道："这位陈兄与你有何仇恨，你竟敢深夜前来行刺？这不是毁我们镖局吗？""当"的一声，一把宝剑已架住了他的刀，抬头一看，正是

那个白衣青年。他正要再次举刀，手中的刀却被李老镖头劈面夺去。李老镖头喝道："听这位小兄弟说！"

陈所玉还剑入鞘，缓缓开口道："昨日傍晚，在南关饭店里，不就是你和这独眼龙合谋要害我兄长吗？你还说你在酒里作了手脚。如何现在又认不得这独眼龙了？"

王堂气急败坏地道："你胡说！我与你素不相识，如何凭空诬人清白？"他正要继续分辩，独眼龙已从地上翻身坐起，口中骂道："王堂，我操你祖宗！想杀老子灭口，没那么容易。你既不仁，也休怪俺不义。李镖头，陈所乐，我给你们将实话说了吧。他王堂小子怕陈所乐堵他当副总镖头的路，由妒生恨，千方百计要害陈所乐。陈所乐，他昨天敬你的酒中，加有药物，你的宝剑也是他偷偷拿走的！"

不等独眼龙说完，王堂便气愤地喊叫："你血口喷人！"但声音已见软弱，脸上也冒出了汗珠，而两只眼珠犹自骨碌碌乱转，似是在打什么主意。

站在门口的张良玉，早已听了半日。他见王堂犹自狡辩，不由一股怒火，透胸冲鼻而出。只见他腾腾几步，跨进门来，怒骂道："原来你这小子当面是人，背后是鬼！老子宰了你！"腾地飞起右脚，一脚跺在王堂的后背上。王堂被踢得在地上一溜滚儿，直翻白眼儿。

张良玉还要动手，被李老镖头拦住。他正颜厉色地对王堂道："名使心乱，利令智昏。我这'得胜镖局'用的是堂堂正正之人，容不得你这口是心非之辈！咱们好合好散，你去吧！"

王堂灰白着脸，从地上灰溜溜地爬起来。在众人鄙视的目光下，也不进屋取自己的东西，径直出门走了……

【陈所乐时期太极拳的发展】

陈所乐习得太极拳后，仅在陈家沟陈式家族中传授，教导出诸多太极拳名人，太极拳逐渐成为陈氏家族护家卫村的重要技能。

当时陈家沟村规规定，凡村中陈氏子弟，皆可学拳。整个陈家沟掀起学习太极拳的热潮。

少年破敌

【陈恂如、陈申如小传】

陈恂如、陈申如，一代太极拳名家陈所乐的双生子，太极拳第三代传人。

在陈所乐传授下，他们深得太极拳的精义要旨。少年时期，凭高超拳术解邻村北平皋匪困，被乡民誉为"大天神"、"二天神"。此事迹被编为戏曲《双英破敌》，在陈家沟连唱三昼夜。其后，该戏不胫而走，一直唱至 20 世纪中叶。

与陈家沟相隔数里有一个富庶的村庄，名唤北平皋。

康熙三十年，腊月二十三这天，本来是北平皋村中家家户户烙祭灶饼、准备过小年的日子。傍晚时分，寒风卷起了大雪，霎时弥漫了整个天地间。夜色朦胧中，远处有几盏灯火，隐隐约约鬼火一般跳动着。

夜色中，一位女子身背宝剑，燕子般轻盈地跃上房顶，然后悄无声息地蹿房越脊，顷刻间，夜行女子就来到了村西口。

她在房脊上隐住身形，借着雪光望向西寨墙塌开的豁口处，似乎并没有人影，旁边十几步远的场屋也安安静静。心下稍安，一个纵身飘然落地，踏着积雪，快速向寨墙豁口掠去。

谁知刚到豁口前面，场屋里突然蹿出两个长相凶恶的人，向女子追来。此二人是奉命看守豁口的强盗，正在埋怨首领大雪天的派自己在这里看守，想起其他弟兄在村中大鱼大肉享受，心中十分不爽。突然看见豁口处站着一个苗条的身影，分明是个女子，顿时精神大振，一边口中乱叫着"宝贝别跑，陪大爷们玩玩……"，一边直扑过去。

女子见两个下流强盗扑来，羞愤难当，银牙一咬，杀心顿起。待强盗扑近，忽地一个马步蹲身，接着右手翻腕往前一擎，只见寒光一闪，手中剑便直刺向扑过来的强盗。强盗哪里料到这一手，待看到霍霍青光，早已迟了，收不住脚，直扑到剑尖上，只觉腹部一凉，立时栽倒在地。另一个强盗一看不好，哇哇叫着返身抓起一旁的尖刀，用尽力气砍向女子。女子不慌不忙，轻轻一跃，侧身躲过刀锋，接着飞起一脚，直击强盗的脖颈，看似一个弱女子，脚上功夫却不弱，一脚下去，肥壮的强盗顿时像风中的落叶，刷刷后跌几步，直摔了个仰面朝天。女子早已飞身上前，"哧"的一声，宝剑直刺入他的胸膛。

转眼间收拾了两个悍匪，女子从容不迫地拭净剑上的血迹，还剑入鞘，迈步绕向大路，直奔陈家沟。

陈家沟离北平皋只有几里路，说到便到。女子三两步来到一处临街门朝南的大院子，推门闯了进去，连声叫道："爹，娘！"

此户人家，正是陈家沟的武学院院长陈所乐的家。陈所乐正和夫人在堂屋商计过年的事情，夫人扭头一看，是自己闺女顶风冒雪而来，心中不由一惊："这么大雪，你咋回来了？"话音未落，一对孪生兄弟恂如、申如早从两边扑到了女子身边，口中叫着"姐姐"，一边一个，拉住了她的胳膊，打秋千似的揪住不放。

原来这女子正是陈所乐的长女，刚嫁入北平皋一大户人家不久。一旁的陈所乐见女儿顶风冒雪，身背宝剑深夜赶回，又见她说话急迫，眉头紧皱，心中不禁掠过一丝疑云，便问道："那头亲家发生啥事了？"

"爹，今天北平皋来了一伙响马！为首的是太行山荒草岭的二大王'飞天蜈蚣'李江、三大王'长翅毒蝎'李河。他们听说北平皋富庶，百姓殷实，因此特来收敛钱财过新年、挑选压寨夫人办喜事。

"他们封锁了村子，要求各家各户的长女少妇，都要梳妆打扮，第二天聚集在一起，以供挑选；准备的金银细软，也得在第二天交清。若有年轻妇女躲藏起来或有金银细软抗拒不交的，就要杀光全家，鸡犬不留，根芽不剩。

"此话一传出，北平皋几千口人立刻陷入了混乱之中。一时间，儿哭母啼，鸡鸣犬吠。村民们束手无策，商议半天，我便自荐回来求援……"

陈所乐听完女儿的叙述，"呃"了一声，略一沉思说道："你们娘几个先吃饭，我去找你王廷爷爷商量商量。"

陈王廷乃陈家沟第一武功高绝之人，自始祖陈卜举家从山西迁徙至陈家沟，至他已是第九世。自从创编成太极拳之后，便将平生所学，尽数传给了族侄陈所乐、儿子汝信以及好友蒋发等人。平日，他除了帮助家里干点轻活外，就是著书立说。这日傍晚，他见大雪兀自撕棉扯絮般下个不停，吃过晚饭，就在灯下修改自己的著作。听得院中脚步响，抬头一看，却见族侄所乐踏两脚乱琼碎玉，顶着一身柳絮梨花，急匆匆走了进来。

陈所乐素知族叔喜欢整洁，便在门口跺去脚上雪末，又拂去身上雪花，这才进屋施礼："叔父，您老人家正好还未安歇，侄儿有一急事相告。"陈王廷遂停下笔，问道："什么事？"陈所乐于是将北平皋的情形简略述说一番。

陈王廷道："这事不知你作何打算？"

陈所乐道："侄儿想，这伙强盗，即使不是有意和陈家沟作对，咱也不能眼睁睁地看着北平皋乡亲们受害而置之不理。否则，咱陈家沟名声何存？因此，小侄请叔父分派人手前去解救，不知叔父意下如何？"

陈王廷捋着银须笑道："正合我意，但你看派谁去好呢？"

陈所乐道："请叔父安排……"话未说完，只听"嗖嗖"两声，从门外跳进两个人来，口中叫道："爷爷，我们去！"正是恂如、申如兄弟二人。恂如和申

如这两位陈氏第十一世、太极拳第三代传人，在师祖和父亲的严格教诲下，武艺进步惊人。

陈王廷见了这对族孙，正合心意。他知道，这对小弟兄太极拳械功夫虽非炉火纯青，但已深得大旨，火候也到了六七分地步，所缺仅经验而已。陈所乐却颇有些犹豫。

陈王廷指着墙上自己写的条幅，开解侄儿道："所乐，你来看，我这首长短句中，不是就有'趁余闲，教下些弟子儿孙，成龙成虎任方便'吗？刚才，我也想到了他们二人。"

顿一顿，又接着分析道："我所以想派他们前去，是因为三个有利条件：其一，太极拳虽然名闻江湖，但由于一些人拘于门户之见，知其外貌而不知其威力，如此一来，必生轻视之心。敌之错觉，正是我可资利用之处，也是我方求之不得的。其二，他俩年纪幼小，对方定会轻敌。历史上不乏以少胜多、以弱胜强之先例，除天时、地利、人和诸般因素外，只怕轻敌也是败者所以败的主要原因。其三，依我的眼光，他俩的武艺，眼下虽达不到一流高手境界，但有前两个条件，有为民除害的决心，有一腔正气在，乃是堂堂正正之师，就叫他二人去演习演习吧。"

陈所乐知叔父平日做事过细，事非斟酌考虑再三，决不会贸然行事。既然他说两个孩子能去，纵无十成把握，也有九成九。于是，点了点头，算是答应。

恂如、申如接了任务，随即整理装束，提了单刀，辞了爹娘，与姐姐三人出门便走。不一会儿，就来到了北平皋西寨墙豁口旁，看了看强盗并未重新看守此处，便由此入了村。三人顺着胡同，拐弯抹角来到了祠堂后墙外。驻足谛听了一会儿，强盗们还在狂呼滥饮。恂如、申如跃上厢房，伏在房顶，将祠堂中的情形看得一清二楚。

祠堂大厅中，正灯火辉煌，五六桌酒席旁，众强盗正吆五喝六、猜拳行令。村中几个须发斑白的老人，心中像十五个吊桶打水——七上八下，他们颤颤惊惊地给响马们敬酒，心里却盼望救兵快来。

忽然，正中席上坐的那个脸上带疤的汉子，将手中的酒杯"啪"地一摔，叫着："看来，今天李某不开开杀戒，这些舍命不舍财的穷小子也不知咱'飞天蜈蚣'、'长翅毒蝎'的厉害！把那几个穷小子带上来，就在这里剖腹开膛挖心，让那些穷小子们看看！"原来，李江、李河见自己这伙人来了半日，村中人并不惊慌，反而安静得很，不由疑心大起。于是，便让手下人抓来祠堂附近几户百姓，立逼要钱、

26

要人，声称如果酒筵后，拒绝不交，便要先拿这几个人开刀。

正在这时，一个年轻人端菜上来，他朝几个老人偷使了一个眼色，朗声说道："吊在厢房中的人说了，情愿交钱、交人，只求诸位大王饶他们一命！"几个老人顿时明白，救星已经到了，心中顿时轻松万分，赶忙乘机上前说道："大王英明，是我们没见过世面，不知道大王的厉害。先给诸位大王赔个不是，我们马上去带人，来给大王赔礼陪酒，大王高抬贵手饶了我们吧！"众强盗哄然答应。

几个老人赶快退出屋去，房上的恂如、申如看到村里人已经离开，飘然落地。申如趁势往大厅外黑影中站定，恂如则手提单刀，一个箭步冲进了大厅，只见他身轻如燕，刀如旋风，一招"风卷残花"，刀锋过处，桌上摇曳的蜡烛已经尽灭，房间里顿时漆黑一片。恂如一秒也不迟疑，还没等众匪反应过来，已经飞身而起，跃上房梁。

正在大快朵颐的匪徒们，只感觉一阵风凉，接着眼前一片漆黑，心中大惊，喝进去的酒，也霎时变成冷汗，从周身三万六千个汗毛孔中冒了出来。惊慌中，一个个逃命要紧，于是不等头目发令，拔出刀剑往外冲，混乱中，你砍到了我的胳膊，我刺到了你的大腿，惨叫声一片。刹时，刚才还吆五喝六、称兄道弟的大厅中，乱成了汤浇的蚁穴、火燎的蜂房。

却说陈氏小兄弟用计调出祠堂的老人们之后，立刻召集村里的年轻人点亮了灯笼火把，从四面八方涌进了祠堂。刹时，祠堂内外被照得通红雪亮。亮光中，只见村寨中的年轻人，人人掂刀拎枪，在祠堂的墙内外给恂如、申如兄弟呐喊助威，大有与强匪一决死战之势。

情急之中缩身躲在桌下的李江、李河二人，见祠堂被照得雪亮，赶快爬出桌下，藏在喽啰后面。

二人往大厅门口一看，只觉得顺脊梁骨冒出一股凉气。他们看见厅门一旁悠闲地站定一人，手持单刀。在那人的身前身后，躺了山寨好几个弟兄，鲜血把周围地上的雪都染红了。再往那人脸上一看，更叫人大吃一惊，只见那人脸带稚气，还在顽皮地微笑。为了投石问路，强盗头儿便捏了身边两个兄弟一把，向门外一挥手。两个喽啰得到大王命令，又看外面站的不过是一个小孩子，不知深浅，举起手中单刀就冲了出去，挥起刀恶狠狠斩向陈申如。

门外的陈申如心中早有准备。见两个强盗一齐出来，身子轻轻一跃，躲开了

砍过来的单刀，那个强盗收脚不住，擦着他的身子向前扑去。陈申如倏地抬起右腿，一个横扫，正中强盗的腰部，强盗"哎哟"一声往前栽去，说时迟，那时快，好个陈申如，没等强盗身子落地，一招"青龙出水"，又给他背上补上一刀，强盗一声惨叫，见了阎王。不过眨眼之间就收拾了一个匪徒，旋即一式"风卷残花"，一团寒光裹向另一个强盗。这个强盗看同伙吃亏，早用尽全身力气举刀向申如砍来，申如在刀光中一个翻滚，翻身之间一个"右翻身砍"，只听"砰"地一声，刀刃相接，火花四溅，只见火光星中，强盗手中的单刀早已化为两截，从手中飞了出去，吓得强盗"哎哟"惨叫一声，愣在那儿。陈申如眼疾手快，又一式"白蛇吐信"，这个强盗吱都没吱一声，已经身首异处。

李江、李河见陈申如一个小小的人儿，转眼之间，三下五除二就结果了自己两个弟兄，疾如鹰隼，快似闪电，身法之快，简直匪夷所思。

猛然间，李江急中生智，从背后抽出携带的弹弓来。猛听一阵破空之声，陈申如旋见一道寒光直扑面门，知是暗器。于是，不慌不忙，观个近切，将手中单刀一横，"当"的一声，早将李江射来的弹丸打落在地。

这时，藏在大梁上的陈恂如，借着院里的光亮，见李江施放暗器，怕弟弟吃亏，便当机立断，从梁上飞身而下，悄无声息地落在众强盗身后，好个小英雄，出手如脱兔，猛然挥刀出掌，连连砍杀起来。

陈申如抖擞精神，使出太极刀法，劈、砍、撩、挂，缠头裹脑，一柄单刀使得像飞转的车轮，上下翻腾，犹如龙蹿云海，惊涛叠浪。劈头时重如泰山压顶，让人躲无可躲；砍腰时如巨山横移，让人胆颤心惊；"黑虎接山"疾如雷电，"白蛇吐信"又如冰霜击面，刚劲勇猛，力劈华山，直逼得两个盗首气喘吁吁。

陈氏看到其余强盗要帮李江、李河夹击陈申如，哪里还忍得住，遂挥动宝剑纵上前去，口中叫道："申如，你小心两个盗首，喽啰留给姐姐练练手！"

陈氏口中说着，手中太极单剑已施展开来。只见她身姿灵巧，剑如穿花，上撩、下劈、平抹，点、削、挂……剑光闪处如梨花翻雪，剑锋落时又如红雨倾盆，霍霍剑光中，早把其他强盗逼离了陈申如身边。那些强盗哪里是陈氏的对手，一个个倒的倒，伤的伤，早被一旁观战的村寨中人上前擒个结实。

且说两个强盗头儿与陈申如斗了三十余个回合，已是热汗淋漓，气喘如牛，心中更慌。李江正斗间，猛听得脑后一阵金刃劈风的声音，知道背后有人偷袭。

急忙中一个懒驴打滚，在雪地上滚了丈把远，及至爬起身来，往后一看，惊得如见鬼魅。原来，他发现身后袭击之人，无论个头、长相、衣着、兵刃，连面上那略带顽皮的微笑，那矫健的步伐，全和刚才与自己弟兄争斗的人一模一样，不禁心中疑惑地想到："为何他一个人变成了两个人？莫非这小子有分身法不成？"他哪里知道，陈恂如、陈申如乃是一个模子刻出来的双胞胎兄弟。不容他多想，那人早又挥刀逼近，只得心神不定地挥刀接战。

这时，风大雪猛，刮得人们手中的火把呼呼作响。在火把的映照下，恂如、申如这对孪生兄弟和李江、李河二人，兄对兄，弟对弟，捉对儿厮杀起来。

李河本来与李江双战陈申如，犹感不是对手，现在见兄长和另一个人激战，只剩自己，更加心慌。他勉强支持了一会儿，已是遮拦越来越多，攻势越来越少，哪禁得住陈申如生龙活虎一般，越战越勇。心慌意乱中，早被陈申如一个扫堂腿，踢翻在地。没等他爬起身，陈申如早跟进一步，单刀一举，立时，这只"长翅毒蝎"便丧了性命。

李江一人对付陈恂如，已是噤若寒蝉。**只见陈恂如足不沾尘，疾如奔马，蹿奔蹦跳，闪展腾挪。劈、刺、截、扫、斩、削、砍、剁，手中单刀使得呼呼生风，宛如水银泻地，又如海浪平推。**闪闪刀光，只在李江身前身后转。几个照面下来，李江早已目光散乱，呼吸急促，脚步虚浮，刀势斜晃。忽又见兄弟被杀，登时心惧胆寒。手势一慢，招式中早露出了破绽，被陈恂如一刀剁在身上，扑地便倒。

围在祠堂周围的百姓，见两个盗首被杀，立刻欢呼起来。

这事过后，陈氏的丈夫将事情编了戏文。有个梨园班子拿了戏本，马上着手定角色，分台词，添道具，置行头，紧锣密鼓排练起来。到了仲春时节，竟挂出戏牌，上面赫然写着《双英破敌》，在周围村子上演起来，很受百姓欢迎。后来，这出戏在温县县东一带一直唱了很多年。

【陈恂如、陈申如时期太极拳的发展】

尽管陈家沟人习练太极拳对外秘而不宣，但左右乡邻都听说陈家沟武风之盛，当地曾有民谣"陈沟尽出武把式"，由此可见陈家沟之武学在当地已不是什么秘密之事。

太极拳第四代传人陈敬柏拳技入化境

神靠除恶僧

【陈敬柏小传】

陈敬柏，字长青，生于清朝康熙年间，卒于清乾隆年间，太极拳第四代传人，其太极拳技出神入化而善"靠"（注："靠"为太极拳技中的一个动作名称），有"神靠"之誉。

年轻时，陈敬柏曾在山东巡抚衙门随营服役，因武艺高强，威名在外，匪徒闻之丧胆。降服"飞侠"年十八，有"盖山东"之美称。

据传，陈敬柏久历江湖，一辈子未遇到过对手。退役后以保镖为业，多走山东一路，其江湖大盗、土匪响马，闻听陈敬柏之名，无不退避三舍。

清朝乾隆年间，陈家沟又出了一位技惊武林的大英雄，他就是陈氏第十二世、陈式太极拳第四代传人陈敬柏。陈敬柏不但是陈家沟功夫首屈一指的大侠，也是陈家沟最出色的镖师，从少年时起，就开始押镖行走江湖，留下了无数传奇故事。

乾隆五十三年，正是七月流火天气，一日黄昏时分，在去往山东的官道上，几个人正押运着车子谨慎前行。他们正是陈敬柏的押镖队，大家行走了一天，又累又乏，但前望望，后看看，除了荒凉的古道，既没有村庄，更没客栈酒家。

忽然，前面出现一片树林，树林中还透出隐隐的灯光来。

有灯光肯定就有人，那就有了歇脚的去处！累得上气不接下气的脚夫也不等货主吩咐，把车儿推得飞快，直奔灯光而去。谁知道近前一看，原来是座寺院。月光下，只见山门巍峨，庙墙高大。

荒郊野外，野庙鬼刹，本就是是非之地，陈敬柏行走江湖多年，焉能不知其中险恶？但看到脚夫们赶了一天山路，早已热汗直流，气喘吁吁。他心中不忍，只得告诫自己多加小心，让他们将车儿停在路旁，自己走近山门，想探看情况，看能否住上一晚。

他迎着月光看时，见山门上方匾额上，四个斗大金字——宝林禅寺。从那门缝中，透出灯光来。他正要举手敲门，却听见从寺庙传出一阵阵猜拳行令的声音，还夹杂着妇女的淫浪笑声。

他不由心中一惊，暗道："半夜三更，古刹禅林，猜拳行令，已非良善，竟还有妇女在内！看来寺中必有为非作歹之人！"于是，他转身回去，悄悄叫脚夫们将镖车退后一箭之地，隐藏在路旁小河沟中，并交代他们不要出声。那货主不知出了什么事，吓得全身簌簌而抖。一路上，他看多了陈敬柏路见不平拔刀相助的秉性，知道他又想铲除邪恶，担心地拉着陈敬柏的手说，这货物期限已到，再也不能耽误半刻时辰，赶路要紧呀！

陈敬柏理解货主的担心，安慰他说，自己只是查看一下，然后就绕道前行。说完独自走到寺前，运足丹田之气，照着山门，"当当当"便是三拳，口中大叫开门。

片刻之后，门内传来一阵脚步声，一个油腔滑调的声音道："什么人，深更半夜，敲门打户！"

陈敬柏答道："过路的。错过了宿头，想在宝刹借宿一晚，明日多布施香火钱！"

门内的人不耐烦地道："去去去，佛门静地，又不是招商客店，谁稀罕你那几个香火钱！"

陈敬柏正要再说，却听见一个炸雷似的声音，念了一声"阿弥陀佛"，跟着问道："智能，什么人竟敢深更半夜打搅老佛爷的清兴？开门出去，将他拉进来，打个半死，以儆下次！"

智能答道："师父，他说是一个过路的，错过了宿头，要来借宿，说明早多布施香火钱！"

炸雷似的声音说道："嗯，有点意思。开开门，让我看看是什么人。"哗啦一声，寺门大开，从中闪出一高一低两个和尚来。

两个和尚走出寺门，定睛一看，只见门外月色空荡，并无人迹。一阵微风吹过，古槐树沙沙一阵响，洒下一地落叶来。智能顿时觉得肌肤战栗，毛发倒竖，"妈呀"一声怪叫，嘴里直喊"有鬼"，往后便跑。高个子和尚觉得顺着脊梁直冒凉气。

陈敬柏到什么地方去了呢？原来，他在寺门打开时，将身一纵，飞身藏于那株古槐之上。这古槐，树身两个人犹自合抱不住，叶儿虽落大半，但夜里藏起个把人来，却也难以发现。

陈敬柏躲在树上，借着月光，把那个高个子和尚着实打量了一番。只见他身高七尺，腰阔十围，脚步歪斜，醉眼蒙眬。又见那矮和尚流里流气，哪里是正儿八经的出家人。于是，心里暗暗打定了主意。等他们师徒关门进去后，才轻轻从古槐上纵下地来。

忽见陈敬柏回来，又见两个和尚关门进去，货主和脚夫们一个个喜不自胜。待陈敬柏将前因后果一说，三魂七魄才算回来了，慌忙推起车子，背起包裹，随着陈敬柏，一行人在月光下，静悄悄地迤逦而行。好在不上三里，就有一个村子，村口便有一个招商客店，那些脚夫和货主见了，十分高兴，进得店去，几个脚夫乱吃了点东西，七手八脚安顿好了镖车，便一个个扑倒在床上，打起响雷般的鼾声，呼呼地睡去。

陈敬柏却无睡意，看到月色沉静，遂在当院打起了拳，只见他拳姿大气优美，真是宛如游龙，翩若惊鸿，却又似豹啸山林，虎跃平川。打完拳，又使了一会儿单刀，精神更加兴奋，更无半点睡意。正踌躇间，忽听见对面房中，有人悲切地叫了一声"痛杀我也"，跟着呻吟之声不止。陈敬柏听得不忍，索性叫醒店家，向店掌柜询问："贵店是否住有病人？"

店掌柜看陈敬柏满面正气，遂给他提过一壶茶来，自己又搬条板凳坐在陈敬柏对面，低声说："大爷如不嫌絮烦，小老儿便说给大爷听。"陈敬柏笑道："正要请教！"

店掌柜道："俺这村子，名唤当阳镇，也算是周围方圆几十里数得着的大镇子。离此三里地，有个寺院，叫宝林寺。没有千年，也有八百年。"

"这宝林寺，可是个香火鼎盛的地方。因此，寺院很是富庶。寺内有个老方丈是个有道行的高僧，平日最是菩萨心肠，很得寺内诸和尚拥戴和周围老百姓的尊重。前些天，忽然从外地来了一个胖大云游和尚，自称法号法空，绰号'黑狸虎'，带了一个徒弟智能，途经此地，在寺中挂单。谁知他师徒二人住了几日，见宝林寺香火鼎盛，竟生出了坏心，非霸占这座寺院不可。老方丈当然不愿。黑狸虎便三拳两脚，将寺内的小和尚打得东奔西跑。老方丈和他理论，也被他打翻在地。村中人不忿，扶着老方丈去县里告状。谁知黑狸虎事先打点了官府，竟将老方丈打了一顿板子，轰出了县衙。寺院回不成了，是我见他可怜，这才收留他在店里养伤。"

"那黑狸虎见贿赂起了作用，更加明目张胆起来。前几天，干脆去城中包了几个窑姐儿，将这寺院搅得乌烟瘴气。他也知道自己作恶多端，百姓对他恼怒在心，所以放出狠话，在寺门外摆擂三天。有胜得过他的，他立马卷铺盖走，要是没有人能打得赢他，嘿嘿，胜者为王，这寺院就是他的！为了夺回寺院，被赶出的小和尚们也在江湖请了多位武师，但都不是黑狸虎的对手，被他打得伤的伤，残的残，七零八散的。唉，今天恰逢庙会，也是擂台的最后一天，要再没有人能打赢他，不但寺院从此无光，恐怕这地方上，也再不能清静了！作孽呀！"

说话间，天光大亮，和陈敬柏同行的几个人也已起床。陈敬柏有心去会会这个黑狸虎，即和几个脚夫，一径往庙会上来。

这当阳镇因处于山区和平原交界之处，既是山珍果品的集散之地，又是"开门七件事"的贩卖之所。所以，店铺鳞次栉比，平日本就热闹非凡，更何况今日适逢庙会。

不一时，陈敬柏来到了宝林寺前，看那寺院金钉朱户，碧瓦雕檐。转眼望去，又见寺门外古槐下，一簇人围了一个圈子，中间闪出一块空地。空地的一旁，列着一个兵器架，上边插着刀、枪、剑、戟、弓、弩、斧、棍等十八般兵器。一个

太极拳第四代传人陈敬柏拳技入化境

神箫除恶僧

胖大和尚此时正洋洋自得地站在中间。陈敬柏认得，正是昨夜那喝醉酒的高大和尚，大约便是人们口中的黑狸虎法空了。

只见黑狸虎朝场地中间一站，先打了一路拳，抢了一阵棍，见来的人不少了，便从兵器架上取下一口单刀，向周围人道："今天已摆擂三天，不是贫僧夸口，是此地真无英雄呀！既然打不过，那贫僧就给施主们来个简单的，哪位施主能把水泼到贫僧身上，贫僧也情愿认输，并且从此永不踏进宝林寺一步！"

言罢哈哈狂笑，笑声未落，一个慢悠悠的声音道："老朽特来请教！"人群分处，从场外走进一个人来。

黑狸虎定睛细看来人，只见来人已年近古稀，虽然偌大年纪，却不显龙钟老态，反而露出一股逼人的英气。只见他一拱手："大和尚请了！老朽陈敬柏，因事路过此地。闻知大和尚在此立下擂台，以武会友。一时技痒，想下场陪大师父玩玩，还望大和尚手下留情！"

黑狸虎见进场的是个糟老头子，不愿意多磨工夫，便哈哈大笑道："施主偌大年纪，何必多管闲事？下场比试，刀枪无眼。万一贫僧失手，老施主你客死他乡不说，众人还会说贫僧不以慈悲为怀，丢了我一世英名！"

陈敬柏冷笑了一声："大和尚，何不扪心自问一番？你以武欺人，强占宝林寺，驱散出家人，殴打老方丈，并公然在佛门清静之地酗酒宿妓。大和尚这些作为，难道不怕丢了一世英名？"围观的人见陈敬柏的话儿说得淋漓尽致，十分痛快，都不由一齐喊了声好。

黑狸虎见陈敬柏当着这么多人的面，公然把他的老底儿兜了出来，立时，心中的怒气像浇上了油，腾地一声燃烧了起来，一张胖脸立时涨成了猪肝色。他仰面朝天大笑道："你说吧，你下场来，是要比拳脚功夫，还是比长短器械？佛爷爷任你挑选！"陈敬柏笑道："我听大和尚刚才说的法子倒新鲜别致，我便是冲大和尚这句话下场的。"

场中黑狸虎，闻听陈敬柏之言，一脸怒气。他从兵器架上取下单刀，又回过头来叫道："智能，端碗水过来！"智能立即端来一碗清水。

陈敬柏先不接水，又对黑狸虎道："当着这么多人的面，老朽再问一句，大和尚刚才所说的话可当真？"

黑狸虎闻听陈敬柏又如此钉了一句，不由胸中怒火大炽，骤涌杀机，口中却道：

"出家人不打诳语，不过，佛爷爷刀上无眼，你如命丧佛爷爷刀下，可怨不得别人！"

陈敬柏微笑道："那是自然！"从智能手中接过水碗，静静站在一旁。

黑狸虎带着怒气道："如此，贫僧献丑了！"立即使动单刀，一口刀如矫天云龙，神出鬼没，只见白光闪闪，织成一片刀幕。直看得周围的人目眩神移，意悚心凉，齐齐地暗叹一声："完了！他将全身护得如此严实，这水如何能泼到他身上？看来这当阳镇注定要受这恶和尚茶毒了。"

转眼看陈敬柏，见他仍稳稳地站在那里，脸上仍是微笑着。看陈敬柏手端着碗，站在那里无动于衷，黑狸虎心中暗自得意，心想这糟老头终归没有办法把水洒到自己身上，哼，我这就让你彻底知道老衲的厉害！想罢，手举单刀便照陈敬柏当头砍来。"哦……"众人惊叫起来，顿时都悬起了心。**忽然，只见陈敬柏身子一抖，左手一个云手翻缠，内劲自手而出。黑狸虎只感觉一股巨大力量撞向自己，竟然使他站立不稳，刀法也乱起来，不由胆颤心惊，还未反应过来，陈敬柏已疾如闪电，倏地探手抓掉黑狸虎的僧帽，右手的水碗已一下子扣到了黑狸虎的光头上。**

只听得"当啷"一声响，盛水的碗儿掉在地下摔得粉碎。黑狸虎满头满脸都是水，傻傻地正用僧衣袖子在那里擦拭。陈敬柏悠闲地站在原处，手中拿了一顶僧帽。众人不由得喊出了惊天动地的一个"好"字。

黑狸虎在众目睽睽之下，直羞得满面通红。他抢步来到陈敬柏面前，纳头便拜，口中道："我师恕罪！贫僧有眼不识泰山，方才得罪之处，望我师海涵。不敢动问我师仙乡何处？"陈敬柏当下微微一笑，遂朗声答道："怀庆府温县陈家沟！"黑狸虎见套出了陈敬柏的家乡住处，立即翻转了面皮，恶狠狠地道："贫僧记下了！青山常在，绿水长流，稍待时日，贫僧还是登门请教！"

第二日一早，陈敬柏便听当阳镇百姓传说，黑狸虎和徒弟智能，昨夜不声不响，离开了宝林寺，不知去向；又听人说，宝林寺的老方丈闻得陈敬柏逐去了黑狸虎，扶伤起来，要联合当阳镇父老，为陈敬柏摆酒庆功。陈敬柏却知会了货主和车夫，押着镖车，不辞而别。待到保镖回来，又特地绕道别处，自回陈家沟。

且说陈敬柏保镖回来后，辞了镖行的生意。光阴荏苒，转眼之间，他回家乡已经两年有余。

这一日，他清早起来，吃过饭后，自觉身子轻快，想出外散散心。适逢这天温县城中大会，便骑了一头毛驴，慢悠悠地奔向县城。

陈敬柏在城内会上转了一圈，吃了点东西，又到茶馆中坐了一会儿。眼见快到午时，便骑了毛驴，顺原路折回，一路放辔缓行。不一会儿，他来到一座破庙前。他想在此歇会儿再走，便下得驴来，坐在树旁一块石头上。

正在歇息，听得脚步响，抬头看去，却见从正东来了一个和尚。他无意中向那和尚瞥了一眼，竟觉得有些面熟。谁知，那和尚走到面前，却仔细打量了陈敬柏几眼，忽然，发出了冷笑，冷冷地道："陈敬柏，三年不见，还记得本佛爷吗？"陈敬柏吃了一惊，这才想起，面前这个和尚，正是三年前在当阳镇遇见的黑狸虎法空，随即立起身来，拱手道："原来是法空大师，别来可好？"

黑狸虎冷笑道："陈施主，三年已过，可还记得当时之约？"手指庙门，又道："陈施主，请吧。"陈敬柏笑道："奈老朽如今年逾古稀，况且大病初愈，功夫早已荒疏。大师父如果真有兴趣，在下找个人陪你玩玩如何？"

黑狸虎闻听陈敬柏说大病初愈，便打量了陈敬柏一眼，见他果然比三年前清瘦许多，心中猛一阵得意，嘿嘿道："哼哼，早知今日，何必当初！实话告诉你吧，老佛爷今日前来，一为佛爷爷自己报仇，二为师父老人家雪数十年前的旧恨！"

陈敬柏惊道："敢问令师尊讳？"

黑狸虎道："我师法名空尘，俗家名叫李海。"

陈敬柏道："我与令师，素无交往，不知这仇恨二字，从何而起？"

黑狸虎："康熙年间，你陈家沟那两个小畜生杀的'飞天蜈蚣'、'长翅毒蝎'，便是我师父的同胞兄弟，这旧恨新仇，老佛爷岂能不报？"

原来黑狸虎那日离开宝林寺后，带了智能晓行夜宿，直奔一处深山老林中的古寺，寻他的师父去了。他的师父不是别人，端的正是那"双英破敌"中，李江、李河的亲生哥哥，人称"白额猛虎"李海，因为当年荒草岭被不知哪路英雄好汉攻下，他在打斗中身受重伤，又被官府通缉得紧，便遁入这山林古寺出家为僧，不过这已是几十年前的事情了。李海听黑狸虎诉说被陈家沟的陈敬柏欺负了，那旧日杀弟之仇翻涌出来。于是留下黑狸虎，将自己的绝技悉心传授于他，单等有朝一日，赴陈家沟报仇。

且说陈敬柏平日对陈恂如、陈申如等前辈极其推崇，如今见黑狸虎辱及自己尊敬的前辈，不由心中燃起怒火，他冷冷地道："黑狸虎，看来你是不肯放下屠刀了？既然如此，老朽今日便成全你。你可不要后悔！"

黑狸虎傲气十足地说道："佛爷爷今日定要超度你到极乐世界。"咚咚几步，进了山门。

陈敬柏见他如此倨傲，心中暗道："难道他这三年中，竟又练成了什么惊人绝技不成？"他艺高人胆大，便也跟在黑狸虎身后，进了山门。

黑狸虎见陈敬柏跟了进来，不由心中暗喜。立即转身关了山门，随手抱起一块石碑，顶在门上，回过头来，冷笑道："纵然你武艺超群，今日你遇见老佛爷，你闯得进来，飞不出去了！"陈敬柏哈哈大笑道："我倒要看看你这三年学了什么绝招。"

二人来到大殿前的卷棚下站定，黑狸虎不等陈敬柏结扎好衣服，便一拳打来。陈敬柏口中骂道："卑鄙！"一侧身，黑狸虎已打空。接着，黑狸虎便一拳连一拳，一脚连一脚，来势如风，快如闪电。

陈敬柏知道对方年轻力壮，自己病后体衰，不能和他硬拼硬斗，便装作力怯，只招架躲避。激斗中，他见黑狸虎的武功确实不是从前可比，一套拳脚使得严丝合缝，轻易找不出破绽来。但他已看出，这黑狸虎因报仇心切，不能平心静气，将自身的武功发挥得淋漓尽致，这便犯了武家大忌，算准他时间一长，必露败相。于是，便闪展腾挪，蹿奔蹦跳，一边躲避着黑狸虎的招式，一边轻叹道："大和尚这身武艺，确实比三年前大有长进。如能行侠仗义，不难扬名江湖。可惜误入歧途，犹不迷途知返，岂不令人可叹！"

黑狸虎求胜心切，咬牙切齿，可二十余个回合过去，连陈敬柏的衣角也未沾上，又见陈敬柏语含讽刺，心中怒火更炽。他见陈敬柏光躲避不还手，以为对方害怕自己，便又在拳脚上加了三分力气，对着陈敬柏狠狠打来，想一掌之下置陈敬柏于死地。**陈敬柏大病初愈，体力有限，也不强接他的来拳，看他拳到胸前，敛气侧身，左手已挟带着黑狸虎双臂右缠，轻松化解了黑狸虎强劲的攻势，还把黑狸虎送了个趔趄。**黑狸虎几招下去，无一得逞，半丝没打到陈敬柏身上，不由恼羞成怒，一个黑虎转身，用尽全身力气，伸出双掌向陈敬柏击来。陈敬柏看他来势凶猛，已无法再避让，只得咬牙迎敌，只见身子微蹲，沉肩上肘，一式双推手接住黑狸虎双臂，生生将黑狸虎推出四五步。黑狸虎顿时额头冒汗，站立不稳，陈敬柏不容他喘过气来，一个箭步上移，身子前倾，一个肩靠直打过去，瞬间，顿如万钧之力，砰然猛击黑狸虎，黑狸虎立时像只断了线的风筝，栽到对面墙上，"咚"的一声，

直撞得脑浆迸裂，挣扎了几下便不动了。

陈敬柏此招也用尽了全身力气，此时只觉得头晕目眩，喷出一口鲜血，栽倒在地。正在此时，只听"哐当"一声，紧顶的庙门被外力推倒，门外涌进一群人来，为首的正是族弟陈继夏。

原来，陈继夏闻知黑狸虎前来陈家沟寻仇，心中一惊，担心族兄年事已高，又大病初愈，怕不是黑狸虎的对手，急忙赶来。看到陈敬柏内伤严重，赶快七手八脚把他抬回家中。

这一场重创，让陈敬柏大伤元气，没过几天就与世长辞，但他在临终前为武林除一大害，也留下了"陈敬柏破庙除恶僧"的武林传奇。

【陈敬柏时期太极拳的发展】

陈氏后人如陈敬柏等，习得太极拳后，以此作为生存的技能，他们开设镖局，以拳技行走江湖，在山东山西的绿林，拳名多有流传。而此时，族中一些拳师也注重向外交流，如陈继夏与挚友苌乃周——黄河北岸"苌家拳"的主要传人，经常切磋武艺。

三下陈家沟

【杨露禅小传】

　　杨露禅，名福魁，字露禅，河北永年人氏，师从陈长兴。

　　他学成陈式太极拳以后，去了北京教拳。许多王公大臣和贵宦子弟慕名而来。但是杨露禅发现这些人虽然生活奢侈，但是体弱多病，想要学武延年益寿，但是又不愿刻苦锻炼。杨露禅为了使他们能够习练太极拳，于是将陈式太极拳所有套路中的刚劲动作删去，对缠丝劲也作了改动，使太极拳的姿势较为简单易学，更适合各种人演练，很受其众多徒弟、尤其是年龄大的人欢迎。

　　杨露禅创编的这套太极拳，后来经过其子、孙的修改、定型，便成了今天人们所看到的杨式太极拳。

太极
王者之道

清朝嘉庆二十年（1815），在河北永年县的东关街道上，新开了一家怀药药店——"太和堂"大药店。掌柜名叫陈德瑚，是河南怀庆府陈家沟人氏。陈掌柜为人豪爽大气，很有人缘，生意十分兴隆。

一天，陈掌柜从外面回来，还没进店门，一个衣衫褴褛的年轻人突然跪到了他的面前，苦苦哀求他说，自己叫杨露禅，是本地人氏，因为家庭清贫，无力奉送双亲，情愿卖身到太和堂为奴，求些钱财，给双亲一条活路。陈德瑚看他说得可怜，就给了他足够的银钱，写下卖身契，让他在太和堂当了一名伙计，并为他取名福魁。

在太和堂，每天店铺打烊以后，店里伙计都要在后院练上一阵拳脚，福魁自从来到太和堂后，也如鱼得水，加入习练队伍当中。

其实，杨露禅卖身到太和堂，也跟这"武"字有关。事情还得从半月前说起。半月前，陈老板一早有事外出，临行让店伙计陈福留照顾店门。陈福留刚把店门打开，买药的人就挤满了药房，陈福留也不敢松懈，赶快带领几个小伙计手脚麻利地给大家抓药。正忙碌间，门外突然又闯进十来个人，为首的是一个歪脖子年轻人，他一进门就直奔柜台，把手中的一包药重重地掷在柜台上，指着陈福留骂道："好你个太和堂！竟敢卖假药欺骗我们！这可是人命关天的大事，今天我定要和你们太和堂讨个说法！"

一听说太和堂卖假药，正在买药的人们顿时围了上来，想看个究竟。陈福留也大吃一惊，因为这是根本不可能的事情嘛！一看气势汹汹的一伙人，他突然明白了什么，上前拿起这人扔在柜台上的药，仔细一看，又放在鼻前仔细一闻，呵呵笑起来，对为首的那个人说："大哥，你肯定是搞错了，你看，你这里是有我们太和堂的药，但这几味药却不是我们太和堂的药，因为我们太和堂根本就没卖过这几味药……"

一看露馅了，歪脖子年轻人气急败坏地吼叫道："不要狡辩，大爷今天就是来收拾你们的！"说着一挥手，带着那几个人一涌而上，砸柜台的砸柜台，倒药的倒药，开始打砸抢。

原来，自从太和堂开张以来，生意十分兴隆，让其他药店的老板十分眼红，认为是太和堂抢了自己的生意，为了报复太和堂，就雇了十来个无赖，今天要来砸太和堂的牌子。一看打起来了，买药的赶快挤出药店，都替太和堂捏了把冷汗。因为大家都认得这个歪脖子，他外号叫臭蛋，是当地有名的无赖，平时无恶不作，今天太和堂肯定是要倒霉了！

就在这时，只见陈福留纵身一跳，拦在狂徒们面前，他左手一伸，一个歹徒应声倒地，又见他右手一挥，另一个歹徒顿时像一根木头一般向后倒去，临倒地还砸翻了身后的伙伴。紧接着，只见他一抬腿，又撂倒一个，又一横扫腿，又带翻了一个……眨眼间打翻五六个，吓愣了其他狂徒，愣愣站在那儿不知所措。臭蛋一看，不得了，不能一上来就被打败呀！他哇哇狂叫着挥拳就向陈福留打去。**陈福留伸手接招，真是奇怪了，陈福留的手脚上好像有强力胶似的，臭蛋的胳膊、腿一碰到他，就被他带得团团转，只有被摆布的功夫，没有丝毫的招架之功。陈福留双手就在臭蛋的胸前那么一转一扭，臭蛋就"哎哟哎哟"叫着转起了圈。陈福留突然又收手出掌，一掌打在臭蛋的背上，臭蛋"哎哟"一声，身子也像一块烂木头，倏地飞出，砸在店门外，结结实实摔了个嘴啃泥！**

"好！打得好！"一看打败了臭蛋，围观的人纷纷喝彩。臭蛋这才知道自己遇到了对手，不敢再战，爬起身带着一伙虾兵蟹将赶紧逃之夭夭。

一场争斗，瞬间就被平息，站在店外的一个人也被惊呆了。

此人是谁？就是卖身为奴、后来成为一代太极宗师的杨露禅。杨露禅，1799年出生于河北永年县。他从小聪明伶俐，喜武如痴，但因为家庭清贫，没有足够的钱交学费，所以也只能跟随一些不入流的武师学一些技艺，从未真正拜到过名师。为了生计，他每天在街上卖木炭，那天就是去给一家商行送木炭，路过太和堂，刚巧看到了这一场让他大开眼界的打斗。

他早就听说太和堂藏龙卧虎，陈掌柜更是一个武艺超群之人，今天看到区区一个店伙计就有如此高的武功，看来传言不假。看热闹的人群早已散去，杨露禅还呆在原地沉思，他一直渴望能拜到名师，眼前的陈老板不正是名师吗？但一打听，杨露禅不由寒了心，别说拜师了，就是想进入太和堂也是一件难事呢！太和堂自从开业以来，从不雇用本地人，也不和本地人打交道。杨露禅思忖再三，心生一计，决定自卖自身，这样既有了吃饭的地方，也可以学到太和堂的奇功。

杨露禅自从来到太和堂后，言行谨慎，做事麻利，再加上他手脚勤快，很快就和太和堂的伙计们打成一片。这天傍晚收工以后，杨露禅打理完杂事，就赶快来到后院，想和大家一起练武。但还没走到后院，一个伙计就截住了他，说老板在客厅等他呢。杨露禅不知何事，赶快来到客厅，看到陈德瑚果然端坐在客厅，

杨露禅赶紧垂手而立,听老板示训。陈德瑚端详他半晌,忽然呵呵一笑说:"魁儿,你来到太和堂已经半年了,你为何要来太和堂,我心中尽知。"

杨露禅一听心事被看破了,索性一下跪倒在地,恳求说:"还请掌柜成全,收下徒儿!"陈德瑚又是一笑,道:"看你心诚志坚,我今天想要成全你,但我的功夫只是平常,不能以我平庸之技,误你终生,这也是我一直不肯收你为徒的原因。在我们陈家沟,现在有一个一等一的高手,他叫陈长兴,是陈家沟武学院的主教练官,你要学武,只能回陈家沟。我明天就派你回陈家沟,一并处理家中事务,这以后的事,就看你的造化了。"

陈德瑚是个德高望重的义士,当年,他为太极拳的发展也作出了积极的贡献,不但资助村中子弟学武,还把自己的一所空院腾出来,当做武学院的场地。因为他的义举,陈长兴也对他十分敬重,两人关系十分默契。他看出杨露禅的爱武之心,所以有心助他一臂之力。

杨露禅心中又惊又喜,当即收拾行李,往陈家沟出发。但到了陈家沟,他才发现,想学武真不是件容易事。陈家拳秘不外传,每天陈长兴教拳时,都不允许闲杂人等在近前,所以他到了陈家沟,每天打扫庭院,整理花草,做些杂务,并未学到一招半式。

陈家沟的武学院,就设在陈德瑚的另一个院子里,场地空阔,有好几亩大,院墙上有一个小侧门和陈德瑚正院相连。每天傍晚,当陈长兴来教拳时,杨露禅负责清扫干净武场,并为练武的人们备好茶水。但他送过茶水,就得立刻离开。

这天傍晚,杨露禅扫完武场,又放上各样茶果以后,按规矩悄悄退回到自己设在陈德瑚后院的小屋子里。夜色空寂,但练武场上却分外热闹,金刚捣碓的震脚声、刀剑相斗的铿锵声、二踢脚的击打声……在夜色中传出好远。忽然,杨露禅入住的小屋门吱开了一道缝,一个人影闪出来,蹑手蹑脚地来到小侧门边,扒在门缝上悄悄往里看。只见在场子中央,陈长兴正在给大家做太极拳一路示范演练。只见他身形中正,拳架浑圆大气,旋转时如鹤舞原野,抽丝时又如清风细雨,柔中带刚,刚中缠柔,真是韵味无穷……

杨露禅看得呆了,这才是大家之拳呀!

一直看到教学结束,人们向门边走来,杨露禅才像耗子一般,哧溜一声蹿回到自己房间,躺在床上假寐。听到人们都已远去,再无半点杂声了,他倏地一跃而起，在自己狭小的房间里，默记着刚才陈长兴教拳的训话，练习刚才看到的拳式：这一招叫云手，右手变掌下沉画弧、重心右移、左手下沉画弧、两手合在胸前、右移重心、并步、开左步、腿跟先着地……

转眼，半年的时间过去了。在众人眼里，陈德瑚家的新长工福魁，为人厚道谦和，做事干净利落，是个好小伙子。但谁都不知道，他却是一个偷拳人，每天晚上，当人们都睡下后，他都悄悄伏在小侧门的门旁，或者爬到坡顶的大树上，偷偷地看陈长兴教拳。每天晚上偷看完了拳，他都在自己的小屋子里一遍一遍地模仿、练习。

这天晚上，他又悄悄爬到那棵大树上，只见陈长兴正在教习"玉女穿梭"一式。陈长兴一边演说一边示范动作："重心左移、右手下沉、收右脚、两手相合、右转身、摆左脚、双手合于胸前、逆缠下沉、顺缠上升提腿、双震脚，提右脚飞身而起、身体旋转落地、同时上推左掌……"而随着自己的演说，只见陈长兴脚尖一点，身子轻灵如燕子般霎地飞出，然后旋转落地，看似轻飘无声，脚下却已溅起缕缕飞尘。整个招式干净利落，实在漂亮。

"好！"看到尽兴处，杨露禅忍不住喝起彩来。

"何人在此喧哗！"陈长兴一声大喝，随即右臂一挥，杨露禅顿时感觉一股劲道袭来，承受不住，从树上跌落下来。杨露禅也顾不得摔得疼痛，一翻身跪了下来，双手伏地请罪道："陈爷原谅，小的是福魁！"

啊？人们大吃一惊，这才发现原来树上还藏着一个人呀！顿时纷纷吵嚷起来："你躲在树上干什么？是不是想偷东西……"

"福魁，你躲在树上干什么？"陈长兴制止了众人，威严地问杨露禅。

杨露禅此时也不敢隐瞒，便一五一十告诉陈长兴，自己实在是喜欢练拳，每天看到大家练拳，就偷偷地学，因为害怕打扰了大家，只好躲在树上，或者藏在门后。

啊？偷拳？这可真是大不敬！众人更加气愤。陈长兴也双眉紧锁，端详杨露禅半天，忽又呵呵一笑，道："那么，魁儿我问你，这半年来你可曾学到一招半式？"

"每天偷看师父和众位师兄弟，也学了有几招。"杨露禅不敢隐瞒，如实回答。

"好，你还算老实，那把你学来的练给我看看。"

杨露禅头上冒出了冷汗，他不知陈长兴是什么意思，悄悄抬起头，只见陈长兴端坐在太师椅上，目光威而不怒，眉宇间似乎还泛着一丝浅浅的笑意。他斗着胆子，从地上站起来，打了趟陈家一路拳。只见他拳架舒展，行云流水，倒也有股缠绵不断的味道。

　　"太不像话了，竟敢偷学拳！冒犯门规！"

　　"师父，一定要严惩呀！"

　　"对，废了他，杀一儆百！"

　　一看杨露禅拳打得有模有样，顿时气坏了一旁的陈氏子弟们，纷纷要求恩师必须对杨露禅严惩。但出乎所有人的意料，只见陈长兴思索半晌后，忽然把手一挥，威严地说："福魁偷学武艺，是大不该，但他现在已是陈家人，他也有学拳的权利，何况他为学拳，如此用心，实是武学不可多得的奇才。"

　　一听陈长兴如此说话，场面上顿时鸦雀无声，一片寂静。陈长兴又转对杨露禅说："福魁，念你为学拳用心良苦，为师就满足你的心愿，不降罪于你，从明天起，你做完杂活之后，就来跟随众师兄一起练拳习武！"

　　这，这，太意外了呀！杨露禅顿时惊愕在原地，半晌才清醒过来，"嗵"地一下跪在了陈长兴的面前，磕头如捣蒜，连声说："福魁谢过恩师！福魁感激恩师！"

　　转眼，三年过去了。三年来，杨露禅白天干活，晚上学武，他终于学会了陈式太极拳大架所有套路及刀、枪、杆、剑……真可谓十八般武艺样样精绝。自以为艺已学成，杨露禅便向恩师辞行，赶回家乡永年。

　　闻知杨露禅从陈家沟学艺回来，旧时朋友也纷纷前来拜访，还有许多江湖好汉也纷纷前来，要和他过过手，见识一下陈家拳。半月下来，竟然无人能胜得过他，杨露禅心中暗自得意。这天，他正在院中练拳，家人来报，武禹襄前来拜访。

　　武禹襄在当地可是名门望族，此时他刚从温县师从陈清萍学艺回乡，闻知杨露禅归来，既为同门，便上门拜访。一看武禹襄来了，杨露禅赶快请上座。两人品茶论武，说到兴头，武禹襄便站起来，和杨露禅在院子里过起了招。两人都师出名门，且都功夫深厚，推手间，武禹襄看出一个破绽，双手背带着杨露禅的双臂发力一送，杨露禅竟然站立不稳，一个趔趄栽倒在地，满面通红。武禹襄赶快上前搀扶起来，连叫惭愧。

　　第二天，武禹襄念及昨天的失手，一早赶过来探望杨露禅。但家人却告诉他，杨露禅已经连夜起身，又赶往陈家沟去了。原来，和武禹襄轻轻一交手，自己即被推倒在地，让杨露禅一下明白，自己的功夫还差得远，自己真是井底之蛙呀！

　　半月之后，杨露禅风尘仆仆赶到了陈家沟，闻知杨露禅又来了，刚刚押镖回来的陈长兴顿时呵呵一笑，道："让福魁进来！"

杨露禅进到恩师家中，头也未抬，一直垂首进到前庭，扑通一声跪在当院，向陈长兴道："徒弟知错了，请师父原谅徒儿无知，福魁特来向师父请罪！"陈长兴这才走出屋，搀扶起他道："太极乃是聚天下之精粹，非一朝一夕能够练成，要持之以恒，才能精诚石开，得之精髓！"

从此，杨露禅把所有的心思都用在练拳上，每天，鸡还未啼，他已起身来到村中的大槐树下，腾挪跳闪，苦练功夫；夜深人静后，武学院的场地上，一个人或持刀，或拎剑，忽来闪去，刀光人影，独自厮杀……冬练三九，夏练三伏，整整十年，杨露禅没有一丝一毫的松懈。看到他苦心钻研，陈长兴也暗自高兴，把自己一生所学，倾囊相传。

转眼又到中秋节，这天一早，杨露禅忽然收到家书，父亲在信中殷殷相唤，说自己年老体衰，恐怕不久于人世，渴望禅儿回家一叙亲情……接到书信，杨露禅眼中含泪，遂出门去找师父，请假回乡探亲。来到门外，只见陈家沟的男丁们都相约往武场而去，原来每年的八月中秋，陈家沟都要举行一次比武大赛，每个太极健儿都想在这一年一度的比武大赛中拔得头筹，赢得众人的青睐。得知恩师已到武场，杨露禅也往武场赶来。

演武场上，只见师兄弟们一个个轮番上场，你持刀，我舞剑，你来我往，跳闪腾挪、抽丝缠绕，青锋闪闪，刀剑铿锵，虽在家庭院场之中，激烈不亚于刀光剑影的战场。只是，大家都比较有分寸，点到为止，根本不能伤及同门。

杨露禅看到师父此刻正在检验师兄弟的武学，无暇顾及其他事，便静静地站在台下，观看师兄弟们表演，暗自琢磨着：那一式用劲过猛、那一招退步过猛致使上身空虚，所以才使得对手打到空隙……

"魁儿，接杆！"忽听一声吆喝，杨露禅抬头一看，只见一根丈二长的蜡木杆剑一般向他飞来。他赶快伸手接住，只听师父命令道："上场去和师兄弟练练！"杨露禅顿时明白，师父这是考验自己的十年所学呢！此时，一个师弟已经手握一根同样长的蜡木杆，等在场中。**杨露禅也不再谦虚，双脚一点，腾地飞身而起，如一只燕子轻灵划过高空，稳稳落在场中。还未站稳，只听"嗖"的一声，师弟已经抖动大杆，杨露禅只觉眼前一晃，蜡木杆已经照脸面抖来。好个杨露禅，移步转身，身子绕过来杆，紧接着双手抖擞，手中木杆刷地上飞，挡开师弟的木杆。**

三下陈家沟

随即身形变幻，双臂下缠，木杆挟带千斤劲道，向师弟拦腰打来。师弟匆忙跳后举杆迎敌，但只见杨露禅所持大杆未及师弟腰身，忽然长杆抖动，回抽二尺，又突然抖动前移，顿时大杆缠上师弟的大杆，内劲自杆而发，师弟顿时手握杆不住，木杆刷地从师弟手中飞出。杨露禅毫不迟疑，纵身一跳，已然接杆在手，然后稳稳站定，只见其脸不红气不喘，神情自若。

"师弟接招！"一个声音又响起，接着一个年岁稍长的人忽地跳入场中，原来是一位师兄，杨露禅双手抱拳，施礼才毕，师兄已经双步如猫，刷刷前行，双手也如翻云，直击他上中下三路。**但见杨露禅身轻似燕，灵巧闪躲，跳闪腾挪，并双手上缠下翻，迎接师兄来拳，两人你来我往，初时还看得清两人身影，三五招一过，就只看到两团飞速移动、飘稳的身影，根本看不清哪个是师兄，哪个是杨露禅了。忽然，只听得一声脆响，一团人影倏地分开，杨露禅身影未动，师兄已连连后退几步，方才站稳……**

掌声顿时如雷般响起，陈长兴也手捻胡须，点头微笑。

杨露禅赶快整襟举步来到师父前面，深施一礼，正要退下，师父却道："魁儿，为师看你功夫已是精绝，此时你可以返回家乡了！"

杨露禅一听大吃一惊，还未及言，师父又道："你的家事，为师已经知道，为人子者，孝字当先，何况你功夫已经精绝，依你所学，走遍天下已无可惧，即刻起程去吧！"

"多谢恩师！"杨露禅顿时眼内发酸，哽咽着说不出话来，十年深情，如山重恩，难以言表！

十年苦练，杨露禅的太极功夫已算得上精湛至绝。回到家乡之后，处理完父亲的后事，他就在家乡开馆授徒。未及半年，已经名闻江湖，人人都知道永年有个武林高手叫杨露禅。

恰在这时，京城中端王爷膝下两个孩子刚刚十多岁，端王爷喜爱武功，便遍邀天下高手进府给两个孩子当武术教练，适值武禹襄的兄长在朝为官，便推荐了杨露禅，当即修书一封，快马送到杨府，约他进京。也是机缘凑巧，杨露禅来到京城后，凭着一身绝技很快得到端王爷的赏识，成为王府中一等一的高手，名声很快传遍京城。端王爷深喜杨露禅绝顶功夫，在教了两个儿子几年后，便又将杨露禅推荐至旗营之中，担任八旗军营总武术教官。此时，杨露禅已是身价百倍，成为名闻朝野、炙手可热的人物。

名声显赫，地位高升，杨露禅真可谓是今非昔比。但夜深人静之后，杨露禅却时时有块心病，就是他那张卖身契。想当年自己卖身入陈府，如果有人知道堂堂的八旗教官竟然是一个卖身为奴的人，名声可真不好听呀。

思索良久以后，杨露禅决定三下陈家沟，去讨回自己的卖身契。

未行之时，杨露禅先修书一封，在信中叙说了自己对恩师和陈德瑚老板的思念之情，说不日就要南下，前去探望恩师，然后又厚厚备了一份礼物，差人飞速送到陈家沟。

却说陈长兴此时已是耄耋老人，他已完全退出江湖，不再走镖，闲来只是教习族中子弟，或者和一班老哥们谈拳品茶，过着轻闲的生活。这天正和陈德瑚等一群族中长老在谈天说地，看完书信，他便把书信递给了陈德瑚等人，说："魁儿此次前来，可是别有深意呀！"

陈德瑚和几个长老看完书信，虽然杨露禅在信中没有明说赎身之事，但言语间志得意满，此意已相当明显。几个长老遂密计一番，然后准备迎接福魁。

杨露禅此番到来，也可谓衣锦还乡。不但受了恩师、恩公的热情款待，还被众师兄弟轮番宴请，一连住了好几天。杨露禅军务缠身，也不敢久留，便要告辞还京。

闻听他要回京，陈长兴和陈德瑚等几个族中长老，带着一班师兄弟，一直把他送到村头。虽然已早被封为朝廷命官，但杨露禅还算知礼，不敢在恩师和恩公面前托大，只是弯腰垂首跟在恩师、恩公后面向村头走去。及至村口，只见他的朱顶大轿停在那里，轿旁是几辆大车，车上箱笼整齐，俱是恩师、恩公和师兄弟送他的各种礼物。看着这些礼物，杨露禅心中却并无半点欣喜。此次前来，他也隐隐约约向恩师、恩公提出，希望赎回卖身契约，但恩公、恩师却避而不谈。想到此次分别，以后相见无期，杨露禅心中顿生不爽。抬眼间，只见恩师、恩公正缓缓而行，从背后，恩师虽然没有腰弯背驼，但步履缓慢，尽显老态。忽然，他心念一动，刷地纵身而起，向恩师的后背袭去。

只听"呼"的一声，杨露禅顿觉身子一麻，收手不住，整个身子像一截木头一样向前蹿去，眼看着就要栽倒在地，幸好他身手敏捷，在空中连翻几个跟斗，趔趄着落在地上，一条腿已然跪在地上。杨露禅心内惊颤，额上冷汗直冒，不敢抬头，连连道："徒儿罪该万死！多谢恩师不杀之恩！"

　　"呵呵，徒儿好学，这也是为师再指点你一次。"陈长兴淡淡一笑，像是什么也没有发生一样对他说。

　　"谢恩师，谢恩师指点！"杨露禅头也不敢抬，毕恭毕敬地说。

　　天色不早，陈长兴等人也不多留他，挥手让他起轿前行。杨露禅坐在轿中，只见轿里端放着一个朱锦盒子，觉得奇怪，打开一看，里面端端正正地折叠着一张纸，正是十多年前自己进入陈府时的那张卖身契。

【杨露禅时期太极拳的发展】

　　这一时期是太极拳发展史上的兴盛时期。陈长兴和陈清萍是两位全新书写陈式太极拳的人物，他们心胸开阔，打破门第之见，首次将太极拳传播于家族之外人氏。

　　陈长兴传拳于外姓弟子杨露禅，杨露禅艺成之后，在京城广为传播，由此衍生出陈式太极拳之外的第二个太极拳流派——杨式太极拳，并在其流派下又衍生出吴式太极拳。

　　另一著名拳师陈清萍更是广收门徒，传拳于外姓弟子李景炎、和兆元、武禹襄等人，并由此三人另开创了忽雷太极拳、和式太极拳、武式太极拳三大流派。武式太极拳名下又衍生出孙式太极拳。

　　由此，太极拳六大门派诞生，太极拳也开始走出陈家沟，为天下人所知。

　　此时的太极拳，也由最初陈王廷所创的拳谱，开始走向分支。陈长兴在陈王廷所创拳架的基础上，大胆进行创新，汇编成两路拳：一路拳为75式，以柔为主，柔中有刚，动作舒展大方，连绵不断；二路拳为43式，以刚为主，动作急速紧凑，多有跳蹿蹦跳，闪转腾挪。陈长兴所创拳架，即现在流行的老架。

　　同一时期的拳师陈有本，也在陈王廷所创拳路上进行删改，摒弃了原有的一些高难度动作，但提升了技击功能。和陈长兴所创拳区别在于演练时圈画得比较小，而陈有本所创拳术，即是现在流行的小架拳。

陈式太极拳第九代传人陈发科创编"新架"

扬名京师

【陈发科小传】

陈发科，字福生，陈式太极拳第九代传人，近代陈式太极拳代表人物。

从 20 世纪 20 年代末到 50 年代，陈发科在北京授拳近三十年，使陈式太极拳走出陈家沟，始为京城所识。他拳艺高超，为人忠厚，淡名利，讲信义，深受京都武术界人士推崇，被尊为"太极一人"。

在长期的教学实践中，陈发科于陈式老架中增加了不少转腕缠绕动作，缩短了练功周期，对原传老架又作了创造性的发展。由他修改、其子照奎定型的一路太极拳(83式)、二路太极拳(78式)被称为新架。

陈发科一生授徒甚多，桃李遍及海内外，著名高徒有：沈家桢、顾留馨、洪钧生、田秀臣、雷慕尼、李经梧、冯志强、肖庆林及其子陈照旭、陈照奎，女儿陈豫侠等。

1929 年初冬，陈发科应北京同仁堂乐老板邀请，赴京为其处理一件棘手事情。陈发科到达北京的第二天，即在同仁堂药店管账王先生带领下，往国术馆走去。

陈发科边走边道："王先生，到了国术馆，不管多大的事儿，你尽管往我身上推，我自有法儿应付他！"

说话间，二人来到国术馆门前，只见许多生意人，手里拎着东西进进出出国术馆。武馆里进出生意人，陈发科有些疑惑，王先生气愤地道："这都是生意人，手中提的都是'六百斤'点名要的东西！"

陈发科留神一看，从国术馆出来的生意人，果然手中提的大包小包都没有了。有的哭丧着脸，有的唉声叹气。陈发科一一看在眼中，他冷笑一声道："王先生，走，咱们进去！"

两个把门的大汉见了王先生，鼻子里哼一声，问道："姓王的，俺师父要的东西，带来了没有？"王先生道："小店在短时间内实在凑不齐那么多的药材！"左边的那个大汉道："没有？好，请进去给俺师父他老人家交代吧！"王先生也不理他，只管往大门里走。

国术馆内，迎面大厅门上方，挂着一个横匾：研武厅。大厅中两旁兵器架上，插着刀、枪、棍、剑等十八般武器，一伙人正在舞刀弄枪。

正中椅子上，坐着一个黑面大汉，他身前站立几个人，都是生意人打扮，对他打躬作揖，苦苦哀求。黑大汉道："老子今日懒得动弹，不想动手教训你们。回去告诉你们掌柜的，以后还想在京城混事发财，就乖乖把东西送来。不然，就滚出京城！"几个人唯唯诺诺，哭丧着脸，低着头，急急出了研武厅，走了。

陈发科看那黑大汉飞扬跋扈、不可一世的样子，估计此人便是掌柜们闻之心惊胆战的"阎王爷"、"六百斤"。

原来"六百斤"是京城里的一个恶霸，三天前，他叫人下话同仁堂，让同仁堂准备人参、鹿茸、麝香、虎骨、虫草等贵重药材各五斤，五天内送到国术馆。

同仁堂乐掌柜为此事心急如火燎，恰巧此时来了陈家沟的太极拳师陈发科。陈发科听说了此事，便道："这样吧，王先生，后天请你带我去国术馆，去见识见识这个'阎王爷'，让他冲着我要这些贵重药材如何？"于是二人便来闯这虎穴。

"六百斤"看了王先生一眼，口中冷冷道："东西带来了吗？"

王先生见陈发科直朝自己使眼色，口中便也不凉不热地答道："阎先生要的人参、麝香、鹿茸之类的贵重药材，小店本小利薄，哪能有那么多存货。即使有，也没有那么大方，平白无故拿来送人！"

"六百斤"听言，嘿嘿冷笑一声，腾腾两步来到王先生面前，伸出钢钩般的右手，抓住了王先生的肩头。

"放开他，让他把话说完！"从王先生身后，蓦地传出一个冷冰冰的声音，使"六百斤"不由得打了一个寒战，不自觉地松开了王先生的肩头。

他抬头望去，这才发现，王先生背后立着一人，一身布衣，活脱脱一个乡下老农，但其神情安然若定，不怒自威。"六百斤"心中不由悚然而震，脸色倏变。

王先生说道："这是我们店里新来的一个伙计，他说你要的东西，他手边都有。因此我将他带了来，你有话只管问他！"

"六百斤"立即明白了，道："哟嗬，原来是请来帮手了。"

陈发科低言慢语地道："阎先生，在下有几句良言相劝。以阎先生的武功，在京城繁华之地，挣碗饭吃，当属易事。何必做那些有亏武德之事？阎先生如听在下良言，给各店铺送的条子，便免要了吧？若阎先生执意不改，'同仁堂'的那份，便着落到在下身上如何？不过……"

"六百斤"听着陈发科的话，虽然越听越不入耳，恨不得立即跳起身来，可他今日，却总感到这个貌不出众的庄稼佬儿是那样的深邃与卓然不凡，一举一动，都似乎有一股无形的压力，迫得自己血脉贲张，却又极力隐忍，发作不起来。

王先生不紧不慢地说道："还是让我来说吧。我们店里新来的这个伙计，高手说不上，但练过几年庄稼把式，想约个日子和阎先生比划比划，如果输了，按阎先生所开的药材数量，加倍奉送；若是赢了嘛，那就请阎先生离开京城，从今以后，好好做人，凭本事吃饭！"

"六百斤"一听之下，心头一震，心中想道："难道面前此人，真有两把刷子？索性豁出去，拼他一拼！"遂朗声道："好，三天后，便在这里，我会会你同仁堂请来的这位高手！"王先生看了看异常冷静的陈发科，对"六百斤"道："好，那咱们一言为定！"说罢，只管和陈发科离开了国术馆。

比武那天，国术馆里热闹非凡。主角还未登场，国术馆中已经挤得水泄不通，连附近房上、树上也站满了人。

众目翘盼中，陈发科和"六百斤"上了场。却见二人对峙，并不出手。刹时，

51

偌大一个院子，顿呈死寂，而于死寂中，却又透出杀机。众人看场中的二人，陈发科仍是潇潇洒洒站那儿，甚至那脸上的微笑都没有变。"六百斤"的面上却显出不耐烦。一些武林高手一见"六百斤"那急躁的样子，心中暗道："这个姓阎的今日必败无疑！"

果然，又待了一会，"六百斤"沉不住气了，他照着陈发科的心窝虚晃一掌，然后双手齐出，照陈发科左右肩上抓来。**陈发科看他双掌袭来，倏地缩身退步，双肘已疾如闪电，架开"六百斤"的双掌，接着收肘出掌，直砍"六百斤"双肋。"六百斤"撤掌不及，急忙后退躲避。陈发科哪容他逃过，身影一抖，一个侧肩靠，重击在"六百斤"当胸，"六百斤"霎时满脸紫胀，噔噔噔后退几步，扑哧一声跌坐在一丈远外。**

"六百斤"横行北京，哪里这样丢过人？一个纵身，从地上霍地跳起，抢起双掌，掌风如轮，凌厉凶猛，向陈发科接连打来。"六百斤"一心想扳回面子，所以招招阴险狠毒，猛劲也如下山猛虎。再看陈发科，神色自若，步如飘风，身影飘忽在拳风掌影中，进退自如，并不还手。"六百斤"凶猛异常，攻击半天，却未伤及陈发科毫发。

又连发几十招，"六百斤"累得呼呼直喘，却连陈发科的衣角也没有沾着，心中更是羞恼万分。喘息中，一眼瞥见陈发科已退到墙角，立时毒念又生。上面双掌齐出，下边又一腿撩阴。只要一招得手，便能使陈发科血溅当场。**陈发科见他如此阴毒，不由得心中有气，当下，一个旱地拔葱，干净利落地躲过"六百斤"的阴腿。但不料他立足未稳，"六百斤"又转身猛扑过来，陈发科沉着屹立，眼看"六百斤"双掌已直袭胸前，忽然侧身引进，一手牵住了"六百斤"右掌。"六百斤"双掌走空，已然感觉不妙，急待收拳，已是不能，此时陈发科借力打力，只轻轻往前一送，膝盖向上一顶，"六百斤"顿时像一个包紧的粽子，在空中连翻几个波浪，"嗵"地一声仰面摔倒在一丈开外。**

"六百斤"自出道以来，第一次受此重挫，看着周围拍手叫好的人群，更觉羞恼异常，爬起来直奔屋内，再也不肯出来。当晚，"六百斤"就遣散了众徒弟，收拾了细软之物，连夜离开了京城。

此事过后没几天，一日乐掌柜正和陈发科说话，一个伙计来报，说袁宅来了一个人下了请柬，要请陈拳师前去赴宴。

陈发科问乐掌柜道："这袁宅是什么人家？为何平白无故持束来请我赴宴？"王先生道："这袁宅是京城数一数二的大户，为了保家护院，他聘了一伙看家护院的武师。为首的姓胡，和'六百斤'以前是换帖朋友。此人平时口碑尚佳。我估计他是想为'六百斤'出气，这才设下'鸿门宴'。刚才我看了请束，上面所署名字，正是以这个姓胡的为首。"

陈发科道："管他是什么宴，来而不往非礼也，人家既然张口邀请，就是龙潭虎穴，我也要去闯他一闯！"

第二天，陈发科按时来到袁家门口，只见袁家果然气势不凡。陈发科神情从容地步上石阶，向站在门后的一个大汉拱手为礼道："在下陈发科，蒙胡武师等人相召，特来拜见！"那大汉上下打量了陈发科一眼，朗声向内喊道："陈发科先生到！"

陈发科前脚迈进大门，尚未落地，蓦地从大门两旁，各闪出一个武师，双拳齐出，照陈发科打下。陈发科心中早有准备，立即收回虚步，身子向后一仰，两个武师拳已走空。还未等他们重新出招，陈发科已重新上前，左右两个肘捶飞快打出。两个武师躲避不及，已倒下一对。

陈发科只管迈着大步，走向二门。门背后又闪出两个武师，一边一个，抓住陈发科双肩。陈发科抖脱双肩，连头也没回，左右一齐出手，两个武师一个搂肚，一个抱臂，躺在地上，哼哼连声。

忽听得一声大喊："打！"随着喊声，各色各样暗器从陈发科前后左右射将出来。好个陈发科，只是微微一笑，双肩一抖，原本敞着怀的白布衫已经到了手中，只见他迎风一抖，布衫倏地展开，兜着一股子狂风，挟着内力，向四面八方乱纷纷的暗器卷去。转眼工夫，暗器停了，陈发科一抖攒手中的布衫，只听叮叮当当、咣咣啷啷，铁莲子、飞蝗石、袖箭、钢镖等暗器从布衫中掉落，在脚下堆成了堆。

"陈兄果然高明！"随着话声，一个年约四十多岁的汉子迎了过来。陈发科知道正主儿到了，便拱手为礼，口中不卑不亢地说道："发科幸蒙尊驾相召，特地前来受教！"

那人赶忙还礼不迭，口中笑道："小弟胡望来，闻陈兄武功高强，私心不胜羡慕。因此特备酒水一杯，不成敬意，陈兄请！"

说罢，在前引路，来到侧院。二人进了一座房子，便见迎面拥来八九个人，

当头四人，便是大门、二门口见过的武师，赶忙过来见礼，拜谢陈发科方才手下留情。陈发科赶忙还礼，口中客气一番。

胡望来拿起陈发科面前的酒杯，斟满了酒，笑道："陈兄远道而来，水酒一杯，不成敬意，望陈兄满饮此杯！"陈发科正要起身去接，却见胡望来两手一松，那杯酒不但没有掉下，反而像有一只无形的手托着似的，平平正正地照陈发科飞来。陈发科一见，微微一笑道："胡兄盛情，小弟心领！"伸出右手，轻而易举地接杯在手，一饮而尽。胡望来见了，心头一震，暗道："好精湛的内功！"原来酒杯上蓄满了内力，如果没有高强的内功，莽然去接，即使不撞折胳膊，身子个也得晃上几晃。

他正思忖间，陈发科已提起酒壶，在各位武师面前杯中斟满了酒，然后端起自己的酒杯，立起身道："发科初到京师，今后还望诸位多多关照。敬诸位仁兄一杯！"说着，和诸位武师一一碰杯。碰到胡望来面前时，只听到"咯嘣"一声脆响，胡望来手中的杯儿竟裂成数块，陈发科连连赔不是道："胡兄，小弟莽撞了。这杯酒权当罚酒如何？"说罢一饮而尽。胡望来白皙的脸立即变得血红，口中嗫嚅道："陈兄内功，小弟算是心服了！"

酒过三巡，胡望来道："陈兄内功，小弟自叹不如。但小弟还想在拳脚上讨教几招，不知陈兄肯赐教否？"陈发科道："如果胡兄酒后有兴，小弟奉陪玩玩未尝不可。"

二人稳步离席，来到院中，陈发科以太极起势站定，口中道："请胡兄赐教！"胡望来也不客气，以右拳猛击陈发科胸部，陈发科待他拳将及胸，倏地出手，以手接拳，随即侧身化掉来势，左手迅疾搭在胡望来的右臂上，左脚插入胡望来右脚后，一个里合腿，将胡望来打得趔趔趄趄。未等他躺倒，陈发科顺手将他拉住道："小弟失手了！"胡望来反而满面笑容，口中说道："陈兄，小弟算是五体投地矣！"遂邀陈发科重新入席。

席间，胡望来道："陈兄怀此高明不测武功，不知欲谋何高就？"陈发科道："小弟欲赁处房子，收几个徒儿，使我陈式太极拳在京师占得一席之地，其愿足矣！"

胡望来及众武师听了，无不惊讶。一个心直口快的武师道："我们还以为陈兄与那姓阎的，是为了争国术馆中那执教的位子呢！"

陈发科笑道："姓阎的有问鼎武林之心，惜发科无争强斗胜之念，奈何？"此话一出，众人更加感动。胡望来这才说起和"六百斤"结识的经过。

原来，"六百斤"从家乡流浪到北京后，靠卖艺为生。一次，他得了重病，躺倒在一家小客店中，胡望来听说后，念着都是武林中人，不但替他还了店钱，且借账为他延医治病。"六百斤"病好后，把胡望来当做了救命恩人。胡望来见他虽然心眼多些，但尚不失为好人，武艺又好，遂和他结成了弟兄。后来，胡望来见他衣食无着落，便通过自己家主人的关系，把他荐到了国术馆。

谁知"六百斤"在国术馆闯荡开后，贪婪残忍的本性暴露出来。他不但排斥陷害他所忌恨的武林同道，还通过自己所收的几个恶徒，不择手段地收敛钱财，弄得名声很臭。胡望来以结拜兄长的名义，着实说了他几句，但过后他却依然我行我素，于是两人关系慢慢冷了。

那天，陈发科约"六百斤"比武，他也没去观看。当晚，众武师跟他说了比武情况，他觉得十分痛快，便生下了结交陈发科的念头。谁知起更时分，"六百斤"竟来找他，又鼻涕一把、泪一把地哭诉，说自己已决意回乡，望兄长念在结拜之情，替自己出这口恶气，还煞有介事地说陈发科自称"打遍北京无敌手，要在京师扬威立万"等等，想要挑拨煽动胡望来。胡望来知他为人，自然不信他的鬼话，心中却暗暗拿定了主意，要结识陈发科。

"六百斤"表面上说是回乡，却偷偷找了个小客店，只望胡望来打败了陈发科，自己便卷土重来。等下数日，却等来胡望来和陈发科成了好友的消息，气得他把胡望来的祖宗三代骂了一通，收拾回乡去了。

陈发科自此开始名扬京师。

【陈发科时期太极拳的发展】

这一时期，陈式太极拳已广为外界知晓，而陈氏族人也不再固守门第观念，开始对外传播陈式太极拳。有被袁世凯聘请至家中的陈延熙，还有在京城广为收徒的陈照丕、陈发科等人。由此，太极拳陈式一派也开始像其他流派一样，在社会上广为传播。

陈发科结合三十多年的教学实践，于陈式老架招式中，增加了不少转腕缠绕的动作，缩短了练功周期。后来其子陈照奎将他修改的太极拳套路定型，称为太极拳新架。

陈式太极拳第九代传人陈宝璩离乡教拳
太极浪子

【陈宝璩小传】

陈宝璩，陈式太极拳第九代传人，师从陈延年、陈发科，拳技高超绝伦。

他性情温和，谈吐诙谐。从小拜陈延年学太极拳，后又从堂兄陈发科练习。练拳达到入迷处，有时甚至几十天不出家门，不分昼夜，累了就躺在长凳上略事休息，终于练出了精湛的技艺，是陈氏十七世中最优秀的拳师之一。

他尤擅轻功，丈高之墙可一纵而过，脚踏雪地可不留痕迹。后游走西安、南京、浙江、江西等地，教拳为生。其传奇故事至今仍在当地民间流传。

在太极英雄方阵中，陈宝璩（1904—1951）也是一个传奇人物，他是陈氏十七世、太极拳第九代传人，生于武术世家，从小就被父亲送至伯父陈延年处学拳。宝璩虽然生性聪明，但顽皮好动，经常想些千奇百怪的主意。可惜他这聪明灵性，没有用在打拳上，反而常常因贪玩而误了练拳。在和他一起学拳的师兄弟中，有一个姓王的孩子，和他最合得来，二人经常在练拳时偷偷溜出去，捣腾新鲜小玩艺，并且一玩便是大半天，有时还得大人满街喊，叫他回家吃饭。

有一次，宝璩因为贪玩耽误了不少课程，气得陈延年罚他和王师兄俩跪在院中。陈宝璩跪在那里，羞愧难当，低着头一言不发。王师兄却口中嘟囔道："同是徒弟，当师父的两样待承，还罚俺跪！"

陈宝璩道："你说什么两样待承？"

王师兄道："师父讨厌咱们，把绝活都教给了其他师兄。咱俩便是学一辈子也学不出个名堂来！"见宝璩不信，又道："你看师兄们练的招式，师父教过咱俩吗？这不是偏心是什么？哼，我不学了！"说罢，便只管爬起身来去了。

陈宝璩一琢磨，想想师兄说的也是："这拳我也不学了！"立起身来，便往家走。回到家中，把师兄说的话给父亲陈延祚说了。陈延祚口中不说，心中却对族兄陈延年老大不高兴，叫儿子把那学的拳打给自己看，见他打得七红八绿，连不成片，不知是儿子贪玩所致，反而信了儿子的话。从此，也不催儿子去他伯父家学拳。

此时是麦收季节，陈宝璩家有牲口，有劳力，因此，父亲也不叫他帮忙。他每日无事，只在村里村外闲逛。一日，父亲见他愁眉不展的样子，便给他几个零花钱，让他到城里逛去。他喜不自胜。

到了城里，只见花花绿绿的东西，弄得自己眼花缭乱。忽然，他发现一家不大的门面，门上写着三个字"神仙府"，只见进去的人个个垂头丧气，而出来的人个个眉开眼笑。他感到奇怪，心中想道："这里面一定有新鲜玩艺儿！我且进去看看！"便也逛了进去。

一进门，一股奇异香味飘来。见一间大屋中，设了不少床铺，不少人蜷着两腿，手中拿着一支旱烟袋似的东西，眷目闪眼，一副飘飘欲仙的样子。

早有一个四十多岁的汉子亲热地向他贴了过来："兄弟，过来吸一口吧？"陈宝璩问道："他们吸的这是什么？"那人笑道："福寿膏！小兄弟你没见我大门上写着'神仙府'？你是不是想过一会儿神仙的日子？"

57

陈宝璩不信道："在你这里？"那人道："当然！因为你是第一次来，老哥今天白送给你两个泡儿，不要钱，来吧！"

陈宝璩一时好奇心起，便跟那人来到一个空床前，斜躺在床上，那人点上灯，将泡儿烧了，替他按在烟枪上。陈宝璩用力一吸，一时只觉得晕晕乎乎，真的像腾云驾雾一般，他不由得大感兴趣。待两个泡儿吸完，他舍不得起来，又掏钱吸了一个泡儿，这才恋恋不舍地离开这"神仙府"。

从此，他口袋一有钱，便往"神仙府"跑。日子久了，渐渐上瘾。后来，索性自置了烟灯、烟枪，买了点大烟膏，在自己屋中偷偷过起了"神仙"的日子来。一来二去，等到被他父亲发现偷吸大烟时，一个高大秀气的半大小子，已变成了"瘾君子"，父亲心中气得不行。又听说陈延年对徒弟不偏不向，因人施教，是自己儿子拳路尚未学完，所以只能循序渐进，当初是自己错怪了他。

没奈何，陈延祚只好又老着脸皮去找族兄，说了儿子的情形，被陈延年正颜厉色地好一顿埋怨，只得苦苦哀求救救陈宝璩。陈延年道："你不如先回去问问他，如果他愿意重新跟我学拳，你再领他来！"陈延祚发愁道："只是他这烟瘾……"陈延年道："只要他愿意学拳，我自有办法！"

陈延祚回到家中，找见儿子，如此这般说了一番。陈宝璩听了，方知上了师兄的当。但如今惹上了烟瘾，还如何学拳？他长叹一声，颇有悔意地道："你看我如今这人不人、鬼不鬼的样子……"陈延祚道："你伯父说，只要你愿意重新学拳，他还教你！"陈宝璩听了，大为感动，口中道："我只怕伯父不收我，他老人家要是收我，孩儿哪有不愿之理？"

陈延祚喜不自胜，赶忙挽着儿子，到陈延年家中来。陈延年见侄儿瘦得只剩一把骨头，心中也觉得可怜，但知他沉陷已深，如不痛下针砭，只怕难除病根。当下，他正色问道："你还愿不愿意学拳？"陈宝璩低头道："咋不想？只是……"陈延年道："只要你决心学拳，其余都好办！"遂吩咐陈延祚："你去家把他的烟灯、烟枪取来！"陈延祚取来了烟灯、烟枪，还有一小包鸦片膏，一并交给了族兄。

陈延年让陈宝璩躺在一张竹椅上，替他点着了烟灯，将烟枪塞到陈宝璩口里，说了声："吸吧！"陈宝璩不知道伯父是什么意思，但闻到那熟悉的香味，心中忍不住，便也顺水推舟地吸起来。一连吸了三个烟泡，陈延年问道："过瘾了没有？"陈宝璩翻身坐起，毕恭毕敬地回答道："过瘾了！"

陈延年忽然面色一寒，突然拔出陈宝璩口中的烟枪，两根手指捏着一用劲，"嘎"的一声，烟枪断成两截，然后连同剩下的烟膏，一把塞进火炉中，又抓起烟灯，在地上摔个粉碎。然后，声色俱厉地说道："你要还认为自己是个男人，就从今天立志自强，戒烟、戒懒，重新开始学艺！要是觉得自己真不是玩意，心甘情愿当烂泥一堆，那你就走出我的大门，永远不要再踏进半步！"

陈宝璩想想自己这段时间来的行为，也深深后悔，赶快跪在陈延年面前，重重地磕头行礼，求师父原谅，重新行拜师大礼，并向师父保证以后努力学拳，决不分心。陈延年见他痛心疾首的样子，才说道："是英雄是懦夫，我还得看一段时间！明日一早来，从头学拳！"

陈宝璩这次是真下了决心，为了彻底断绝毒瘾，他特地叫父亲给自己买回了半斤黄连，随时带在身上，逢到烟瘾要发作，便将一块黄连塞进口中大嚼，黄连苦得他直想蹦起来，但他强忍着继续练拳。随着他身体的逐渐恢复，陈延年给他逐渐加大了每天学拳的分量，陈宝璩硬是坚持了下来。就这样，他凭这半斤黄连，硬生生把大烟瘾断了。

他怕自己旧病复发，将吸大烟时穿的那身破衣服，当成宝贝，将一对烂鞋也视如珍宝，常常穿在身上，别人笑他，他道："看见这副打扮，我便想起了那段日子，引以为鉴，记住我陈宝璩曾有过这段一失足成千古恨的往事！"

陈宝璩深感自己失去的时日太多，便自己给自己加大练拳量。功夫不负有心人，二十岁出头，他便把伯父的一身绝招倒腾空了。除了拳脚、器械烂熟外，他轻功特别好，被誉为"陈氏第一人"。他深知学海无涯，从不在人前自炫其能。

想到自己已经年过二十，家产也被自己吸大烟捣腾得精光，真对不起父母，便决定外出闯荡，挣钱赡养二老。当时陈家沟有许多人都逃荒到了西安，他便决定先到西安看看，于是，便乘上火车直奔西安而去。

到了西安，他打听到曾和自己有一面之交的郑吾清在国民党军队任武术教官，很得师长信任。想到自己一身奇技在身，当个教官绰绰有余，便去寻郑吾清。郑吾清是陈清萍的徒孙，和兆元的徒弟，所教太极拳，被西安人称为"和式架"，也叫"赵堡架"，在西安很有名望。他见了陈宝璩，很是亲热，但听陈宝璩说了来意，却低头沉吟不语。

原来，在这支部队上，已经有了十来个武术教官，其中多数是凭借裙带关系，

只会几手三脚猫功夫。不过这教官中也有几个是凭着真本事吃饭的，其中有一个人，名唤王中堂，外号"插翅虎"，长得五大三粗，一身外家拳脚，功夫纯厚。可惜此人心术不正，睚眦必报。强似他的，他又生嫉妒，生法儿害人。郑吾清功夫高强，从不和他一般见识，但他却时常挑郑吾清的毛病。所以郑吾清担心陈宝璩来到之后，若被这小子欺负，那自己岂不是对不住朋友。

陈宝璩听是这原因，便对郑吾清道："大哥你放心吧，为了大哥的面子，我也会处处小心避让的。"郑吾清道："人心叵测！凡事小心些为妙！"陈宝璩连连答应，郑吾清便去求了师长，留陈宝璩在此当了教官。

为了欢迎陈宝璩，郑吾清特地给他整一桌酒宴，和军中众教官相见。大家一看新教官穿着一件破烂油腻的长衫，脸色蜡黄，头发凌乱，都在心里暗笑他像个痨病鬼，肯定又是托关系进来的！看到大家轻视的眼光，郑吾清赶快给大家介绍，说陈宝璩出自陈家沟，人不可貌相，他的功夫其实十分了得。

郑吾清还没介绍完，便听座中一个洪亮的声音道："小弟十分佩服太极拳，但大丈夫岂可凭着祖宗招牌吃饭？"陈宝璩循声望去，只见不远处坐着一个人，目露凶光，眉横杀气，一副不可一世的样子。陈宝璩见他如此狂妄，便猜他就是郑兄说的王中堂，看来此人绝非善类！当下立起身来，向众教官拱手施礼说："小弟德薄艺微，任教官不过是滥竽充数而已，今后和诸兄共事，还望多多关照！"

王中堂冷笑道："关照个屁！这教官不是靠拉拉扯扯的关系弄来的，凭的是真功夫，谁关照谁呢？"他满以为陈宝璩忍受不住，只要他一接口，自己便可借机生事，打了这个要饭化子。谁知陈宝璩将他这些话全当成了耳旁风，只管跟在郑吾清身后，挨着向众教官敬酒。

王中堂气忿忿地企图生事，岂不知犯了一个错误。他一杆子打翻了一船人，犯了好几个人的忌讳。这几个人本来拳脚功夫不行，平日因惧怕王中堂，对他的冷言冷语敢怒而不敢言。今日在大庭广众之下，王中堂又连讽带刺，这几个人喝进去的酒，仿佛变成了辣椒水，扎扎哇哇地难受，于是转动心思："老子们虽然武功不怎么样，也轮不着你小子讽刺过来，数落过去！这郑教官武艺超群，他今日介绍的这位，想来武功一定不弱。何不趁此机会，叫他给这姓王的小子点颜色看看！"心中如此想，对前来敬酒的陈宝璩，不亲热的装着十分亲热，为的是逗起王中堂的火气来。

王中堂见这几个人和陈宝璩的亲热样子，直惹得一把无名火烧上了天。这时，郑吾清领着陈宝璩来到了王中堂面前。陈宝璩满面笑容，口中叫了一声"王教官"，便斟了一杯酒，双手捧着过来。王中堂看也不看，顺手一拨拉，道："套什么近乎，咱们拳头底下见高低！"陈宝璩猝不及防，杯中的酒却泼了旁边一个教官一身。陈宝璩急忙替那个教官擦衣服上的酒。王中堂却伸出大手，一下子攥住了陈宝璩的右手腕，口中冷笑道："陈教官，郑教官说你武艺高强，我也常听说太极拳四两拨千斤，我今天这样抓着你，你如何化解？"说着，手上已用了七分力，想把陈宝璩手腕骨捏碎，给他个下马威。

陈宝璩见他如此无礼，如再置之不理，岂不是被他看低了？便不动声色，身腰下沉，右手一抖，接着肘背向上一翻，陡然发力。

王中堂正在得意，忽然觉得握在自己手中的陈宝璩的手腕，已如游鱼般滑出，心中一惊，方知不好，待要放手，已来不及。众人只听"呼"的一声，王中堂肥壮的身子已如飞石般平空飞起，向屋梁撞去。转瞬，王中堂落下地来，已然惊得面如土色，满脸羞愤，恨恨道："好！好！好功夫！改日我再请教！"扭头离席而去。在众教官喝彩声中，郑吾清苦笑一声，没说什么。

当晚，郑吾清告诉陈宝璩："陈兄，今日你杀那王中堂的威风，我不反对。这小子欺人太甚，不给他点颜色看看，直叫他把太极拳看低了。但这人心狠手辣，你今天让他丢了面子，恐怕他不会善罢甘休，我看你还是先离开此地，避一避再说吧。"

陈宝璩道："只是给郑兄添了麻烦，我这么一走，那姓王的必定将邪火发在郑兄身上，岂不是因小弟而连累兄长！"

郑吾清笑道："这个我倒不怕他，小弟在此多年，谅他一时半刻还不敢怎么样我！天色已晚，你今日便宿在我这里，不要回客店去了。明日我便叫人去给你买车票去。"陈宝璩虽然答应离开西安，但觉得王中堂即使有所报复，也不会如此之快，今晚不一定有事，便婉言谢绝了郑吾清的好意，向自己住的客店走去。

此时，已是三更天，街上静悄悄的。突然，陈宝璩听见身后传来"嚓嚓"的脚步声，略一侧身，已发现身后不远处，跟来二人，眼角一瞥，又见前面不远处，路边又闪出两条黑影，他心中顿时明白了，不禁暗骂道："王中堂这小子果然恶毒得很，下手竟然如此之快！"

61

月光下，陈宝璩见这四个人，两个持短枪的，一左一右，紧傍着自己两边；迎面来的两个站在自己面前，各自从靴筒抽出一柄明晃晃的匕首。陈宝璩心中不由怒气勃发。但他冷静了下来，不动声色地问道："看样子，四位是受王中堂的委托，来找陈某人的麻烦来了？"

站在他左侧的那个持短枪的汉子，阴恻恻地笑道："看你邋邋遢遢的样子，脑袋却并不糊涂。"右侧那个持枪的汉子接口道："不过，你放心，只要你老老实实离开西安，我们四人并不要你的命。王教官交代了，只要废了你这身武功，便饶过你。"陈宝璩坦然道："天意如此，陈某也不多说了，只求兄弟们手脚麻利点，不要让我多受苦就行。"

两侧持枪的汉子见陈宝璩如此窝囊，以为陈宝璩不过是浪得虚名，当即收起枪，抓住双臂，喝叫"动手"。两个持匕首的汉子立即逼过来。

就在四个汉子得意洋洋，以为万无一失的时候，陈宝璩突然大喝一声，沉腰塌胸，双臂一抖，立从两个汉子手中脱出，随即抬臂出肘，双肘顿沉如千钧，击向左右侧两个大汉前胸，只听两声惨叫，左右两个汉子胸骨齐断，躺倒在地。陈宝璩更不迟疑，倏地转身，迎向其他两个歹徒。面前两个持匕首的汉子一惊，还未反应过来，陈宝璩一个玉女穿梭，飞身而起，掌落脚上，一个肩上中掌，哇哇叫着倒向一边，一个被一势扫堂腿扫翻在地。两人还未明白过来，陈宝璩已嗖的一声，纵过高墙，消失在夜幕中。

王中堂本以为派出四个强壮汉子，必定能把陈宝璩这小子给灭了，但等了半天却无半点消息，等得心急，便派人前去寻找，这才发现自己所派之人两个胸骨折断，已奄奄一息，两个腿骨折断，叫苦连天。这时，陈宝璩早已在数百里之外了。

【陈宝璩时期太极拳的发展】

因为战乱和荒年，陈式太极拳子弟为讨生活，开始走出陈家沟，由此也带来了陈式太极拳的快速发展。太极拳小架传人陈克定、陈克弟等人在开封广为传播小架拳。而小架拳的另一支陈立清等人则在西安很快打开了广为传播的局面。

陈式太极拳第十一代传人王西安再创新法

传承太极拳

【王西安小传】

王西安，陈式太极拳第十一代传人，当代陈式太极拳代表人物，享誉世界的太极拳王。

他出生于太极拳发源地陈家沟，自幼随陈式太极拳大师陈照丕和陈照奎习练太极拳，前后20余载，掌握了陈式太极拳的全部精髓。他的套路演练舒展大方、形神兼备。他的技击技术极佳，跌打掷放，迅、猛、灵、脆，威力惊人，具有鲜明的特点。

王西安在陈式太极拳的基础上，在养生和技击两大方面进行了改良创新，形成了具有特色的陈式太极拳王西安拳法，门下弟子创造了连续十年包揽国际太极拳比赛所有级别金牌的不败传奇。

2007年，王西安被选为首批国家级非物质文化遗产太极拳项目代表性传承人。

太极王者之道

王西安其人，因为这个故事，开始被人熟知，并逐渐成为中国武学界的一位传奇人物。

这是 1982 年秋天，一个东南亚国家武术代表团访问陈家沟。代表团中有两位武术教练，名片上的头衔甚是威武：一个是国家武术队教练，一个是亚洲几个国家的武术总教练。据说总教练的头可开碑，掌可断石，一身硬功，走过 10 多个国家未遇对手。两位教练都会太极拳，很想与陈家沟人较量较量。

一天清晨，王西安信步闲走，忽听人来喊："王大师，你快去吧，外国人和陈家沟人在比武哩。"

他赶到招待所，那位总教练靠在桌旁，喝着啤酒，一脸得意。

翻译见王西安赶来，暗暗松了口气，解释道："他要和你来几招。"

王西安淡然地笑了笑，道："来就来呗。"

总教练走上前来，却不是推手，拿出拳击的架势，来回蹦跳，虚晃儿拳，呼呼生风，猛然进步前冲，一记重拳直捣王西安面门。王西安一个侧引，同时一掌递出，恰好打在他的肚腹上，他一口气上不来，仰面跌倒，休克过去。

陪同的人急了，王西安却说："他里外没伤，一分钟就缓过来了。"

果然不久，总教练一个鲤鱼打挺站立起来，给王西安行了一个鞠躬礼，表示要好好向王西安学习太极拳。

这是 30 年前的王西安，在 20 世纪 80 年代，在中国武术界，他俨然已自成一格。而追溯故事的前情往事，让我们将镜头对准 50 年代的小王西安。

那还是 1952 年 7 月的一天，陈家沟一户人家的后院，一个 8 岁的孩子爬在椿树上。椿树顶端枝叶繁茂，冠盖如云，枝丫间有一个鸟窝，一对老喜鹊刚刚孵出一窝小喜鹊。孩子要上去掏小喜鹊，快要够到小喜鹊时，孩子却伏在树上不动了。他看见不远处，陈茂森正在院落里打太极拳，那拳打得美妙无比，孩子看迷了。

"快掏呀！掏呀！"同伴在下面叫。他似乎听不见，专注地看着。树叶遮住了陈茂森的身影，他便往另一根树枝上移。刚刚移过去，身子还没站稳，只听"咔嚓"一声，树枝折了，孩子跌落下来，重重摔在地上。

"哎呀，死了！"小伙伴们发一声喊，撒腿跑了。不一会儿，孩子的母亲惊慌失措地赶来，可是，哪里还有孩子的踪影？此刻，孩子正站在陈茂森家门口，瞪着小黑眼珠，隔着门缝偷看陈茂森练拳呢。

这孩子就是王西安。他看得心痒难耐，终于忍不住，推门而入，请求道："茂森叔，您教我打拳吧！"

刚才还在盘架走拳的陈茂森，耸耸肩膀，两手一摊："打拳？我不会打拳。"

王西安吃了闭门羹。他是陈家沟人，但他不姓陈。

多少年了，陈家沟陈姓人家将太极拳视为"独得之秘"，只在族内代代相传，外人难窥门墙。

王西安偏偏就迷上了太极拳。村里有一个教拳场，他天天到那里玩耍，在旁边模仿比划，回到家后自己练。后来，他一去，人家便坐地歇息，只顾说话。再后来，干脆将大门给关上了。

一次次吃闭门羹，反而激起了王西安的倔强天性。他立下誓言："我非要学好太极拳不可！"

除了上学，王西安的心思全在太极拳上。他的小伙伴陈启亮会练拳，他便成天缠住陈启亮学拳。王西安就这样学了 6 年拳。

1958 年，一个天赐的良机到来了，著名太极拳师陈照丕告老还乡。

一踏进陈家沟，老人惊呆了，偌大个村庄，不见一个练拳走架之人！想来陈式太极拳相传十八世，现在快要断绝了！老人心痛无比，为了传承太极拳，一个人办起了太极拳培训班。不论姓陈姓王，不论年长年少，不论是男是女，只要学，统统收；不论刮风下雨，不论白天黑夜，不论寒冬酷暑，只要来，统统教。

趁此机会，王西安高兴地进了培训班。他练了一趟拳，陈照丕一看，就知道这孩子身上具有非同一般的天资禀赋，将他收在门下，重点培养。王西安开始接触到陈式太极拳最为精粹的部分，真有一步登天的幸福感。

这一年，王西安 14 岁。

从此，在王西安家后院的大皂角树下，一年四季都可以看见他练拳的身影。冬天，他光着脊梁在树下盘架，头上冒热气，浑身湿漉漉。夏天，他赤脚在树下走架，汗如泉涌。农闲时节，他背一袋干粮，独自来到黄河滩，面对滔滔黄河练拳。

一招"舞花竖刀翻身砍"，他一抡就是 20 天。一路"春秋大刀"，他舞得气势雄伟，威猛无比，人称"大刀王"。

循序渐进，是陈照丕教学的特点。他让弟子们练习盘架，一练便是几年。时不时点拨动作要领和演练方法。在盘架精熟后，陈照丕再让弟子们练习推手，以

传承太极拳

检验拳势正确与否。

王西安找伙伴练习推手，跌跌打打是家常便饭，跌倒了，他爬起来，又继续上。渐渐地，在师兄弟中没有了对手。

而学拳并不是依葫芦画瓢的事，更重要的是领会变幻莫测的拳法之后的原理。太极之法、阴阳、虚实、玄之又玄的奥妙，经由老先生诠释，进入王西安的心中，使他愈发感到太极世界的神奇。

爱琢磨的王西安，常闭着眼，一声不吭，默默地比划一个动作，不久，琢磨通了，心领神会。

春去冬来，寒暑交迭。在名师陈照丕的悉心教导下，王西安的拳艺如春园之草，与日俱增。

此后，无论风云变幻，练拳始终是王西安人生的重中之重。即使1968年，他任大队民兵营长，后又担任大队党支部副书记，他所想的，依旧是如何让太极拳在太极之乡复兴。

他召集全村民兵到大队院内练拳。于是，陈家沟的院落里、林木间、沟壑处、黄河滩，到处都出现了习练太极拳的身影。父教子、母教女、兄教弟、夫教妻，热火朝天。

陈照丕伤病康复后，王西安请老人出山教拳。村里成立业余武校，他自任校长。一个班以民兵为主，目的是深造；一个班以青年为主，目的是提高。比武大赛时时有之。老百姓乐乐呵呵，比着赛着练习太极拳。

1972年底，陈照丕老人因病逝世。王西安又前往北京，请著名太极拳大师陈照奎回村教拳。陈照奎练的拳路人称"新架"，乃其父陈发科所创。这套拳法缠丝多、发劲多、架子低、难度大，可以有效地缩短练功周期。陈照奎年年返乡，将自己平生所学尽授村中弟子。

在名师教导和自己的领悟下，王西安的拳法逐渐形成了自己的特点：无论是老架、新架、推手、散手或器械，其动作招式无不体现自然而然的本色韵味。演练套路似行云流水，连绵起伏，舒展大方，形神兼备。从内到外，从外达内，鼓荡沉稳，一动无有不动，松空气运，刚柔相济的变化细腻准确地把握在虚实、开合中，可谓是集太极拳法之大成。

转眼，到了1983年的7月，离那个初次因太极拳的神奇而入迷的夏天，恰好

30 年。王西安应全日本太极拳协会会长三浦英夫的邀请，前往日本访问。

在名古屋，王西安正在讲解陈式太极拳的健身作用，一个名叫宫井的空手道教练问："太极拳是很好的健身术，技击行不行呢？"

王西安说："既然是拳，当然可以技击！"

宫井道："我可以领教一下吗？"

王西安伸手作礼道："请。"

宫井迈步上来，伸出钢钩般的十指，猛抓王西安双臂，想用空手道的技法摔倒王西安。不想王西安早观其动向，内力暗运，双臂硬似铁棍，随之一松，柔若无骨，宫井似乎抓了个空，就在他一愣神的当儿，只见王西安身形一动，宫井跌了个屁股墩。

他爬起来，再次扑向王西安。王西安闪身横跨一步，早到宫井背后，小臂一横，宫井被击出 3 米多远，扑倒在地。

这时，全场响起了经久不息的热烈掌声。

转眼又是 30 年，王西安的足迹遍及 30 多个国家和地区，其太极拳艺，在世界上获得了极高的评价。法国报纸赞扬他"已经站到了武术的巅峰"。美国《美南新闻》杂志撰文，称王西安是"世界太极拳王"。日本报纸说他是"武术的化身"。

王西安拳法研究会或王西安武馆在十几个国家成立了。王西安还担任着国内外 50 余所武术组织的主席、顾问或总教练。法国的巴德内市市长授予王西安"永久荣誉市民"称号。日本的大阪市市长赠送王西安城市的金钥匙。但是，当他们邀请王西安定居国外传拳时，王西安婉言谢绝。他说："陈式太极拳是一种民族文化，它的根深深地扎在陈家沟，让这条根盘结得更牢固，生长得更粗壮，是我义不容辞的责任。"

弘扬太极拳，便是王西安矢志不渝的奋斗目标。

将门出虎子。在父亲的不倦教诲下，王西安的两个儿子都成了太极拳的新一代传人。长子王占海，尽得父亲拳艺真谛，功夫纯厚。16 岁第一次上阵，便勇夺河南省交手擂台赛冠军，曾连续十年蝉联国际太极拳赛事冠军，被誉为"无敌战将"。次子王战军，14 岁便是河南省青少年运动会的太极拳冠军得主，被誉为"常胜将军"。

名师出高徒。王西安门下桃李芬芳。王西安的 200 多个入门弟子，全都是各省市或全国、国际太极拳大赛冠军。一个人培养出数以百计的冠军弟子，可以说独步当今中国武坛。

王西安的洋弟子亦风流，日本的野口敦子、田中、谭上、岗崎、神田，法国的大阿兰、小阿兰、菲利浦德拉日，美国的金太阳、李书东等，都是本国或国际上的太极拳大赛冠军。太极拳早已冲出国门，成为了世界武术文化的瑰宝。

2007年，王西安被文化部评定为第一批国家级非物质文化遗产太极拳项目代表性传承人。

【王西安时期太极拳的发展】

20世纪50年代之后，陈式太极拳发展十分迅速。一代宗师陈照丕于1958年退休返乡后，倾尽全力在温县传播太极拳，并培养出了以"四大金刚"——陈小旺、王西安、陈正雷、朱天才等为首的一大批优秀太极拳传人。

2004年，在王西安弟子阎素杰的组织下，"王西安拳法研究会"应运而生。目前，王西安拳法研究会已经在国内二十多个省市成立分会，并先后在美国、日本、意大利、法国、加拿大、西班牙等近十个国家成立了分会，对弘扬、传播陈式太极拳这一世界优秀文化遗产作出了积极贡献。

如今世界上已有两亿多人习练太极拳。

下篇
太极拳法入门

不容小视的热身运动，不仅简单，更能针对性地锻炼身体不同部位。从陈式太极拳七十二式的基础上简化编成的太极十二式，是晨间、工作学习之余锻炼的最佳选择。具有极高实战价值的技击技法十四式，简单易学有效好用的女子防狼术，则是以小搏大、以弱胜强、防身御敌的上上之选。

保健热身运动

太极拳讲求整体，所以在练拳过程中，身体的各个关节、肌肉、韧带都会运动。如果练拳之前热身运动不充分，那么在打拳之时身体也就难以达到最佳状态，气血的运行就不会充分，长此以往，则可能出现部分关节疼痛，甚至发炎的状况。虽然练拳前的热身准备不如内门功法重要，但也是太极拳技艺中需要练习的基本功之一。

热身运动共分九式，逐一练习，活动筋骨，是入门陈式太极拳之前的基础练习，也能作为肩、颈、腰、腿等各部位的单独健身练习。

第一式 颈部运动 好用的颈部保健运动

【应用】

颈部运动特别适用于以下三种人群。

1.长期使用电脑，颈部疼痛僵硬的办公室白领。

2.长期伏案作业，颈部僵硬、大脑缺氧的学生族。

3.更年期气血运行不畅、肩颈疼痛者。

【动作要点】

展肩扩胸时，两臂尽量向外，肩胛骨外撑，头尽量后仰。

掀肘时，两肘尽量上抬。

两掌侧撑时，胸部外扩。

两掌反向侧推时，要感觉像是推两堵墙一样，推到合适位置。

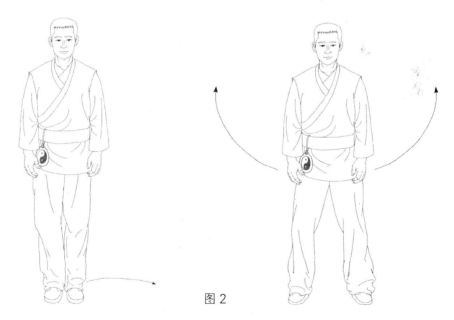

图1   图2

❶ 左脚开步站立（双腿微屈，重心右移，左腿提起，向外开半步），与肩同宽。

（图1—2）

71

图 3

图 4

② 两臂外旋至侧平举，掌心向后。
（图 3）

③ 两掌内翻，两臂向前平举，掌心相
对。（图 4）

图 5

图 6

④ 两臂屈肘，两掌合于胸前（掌心斜向下，五指斜向前，两掌靠近胸前），然后拇
指抵于肩上，展肩扩胸。（图 5—6）

图 7

图 8

❺ 两臂收回后外旋，两手交叉扶于脑后。（图 7—8）

图 9

图 10

❻ 低头，掀肘。（图 9）

❼ 抬头，两肘下落，两掌经胸前侧撑，掌心向外。（图 10—11）

图 11

图 12

❽ 肩膀放松，上臂自然下垂，指尖向上，掌心相对，经胸前画弧，右上左下，再次相合于胸前。（图 12—17）

图 13

图 14

图 15　　　　　　　　　　　　　　图 16

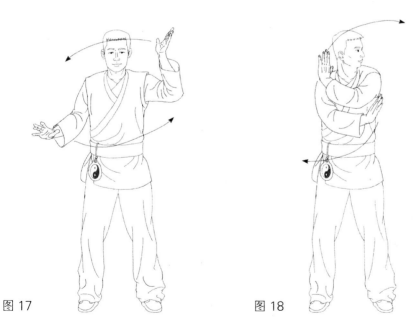

图 17　　　　　　　　　　　　　　图 18

❾ 两掌反向侧推，左上右下，左掌立于右肩前，右掌立于左胁肋处，目视左侧。
（图 18）

保健热身运动

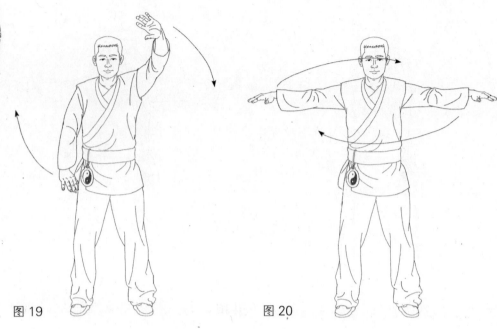

图 19   图 20

⑩ 双臂打开画弧，两掌合于胸前。（图 19—20）

图 21

图 22

⑪ 两掌反向侧推，右上左下，右掌立   ⑫ 两掌上下画弧至平举，掌心相对。
　于左肩前，左掌立于右胁肋处，目   （图 22）
　视右侧。（图 21）

76

图 23

图 24

⑬ 松肩坠肘(两肩关节用意放松,肘关节微屈并向下松垂),两掌下按落于身体两侧,
同时左脚收回,并步站立,目视前方。（图 23—24）

保健热身运动

第二式　**肩部运动**　*肩关节的润滑剂*

【应用】

　　肩部运动能快速缓解以下三种原因造成的肩部酸痛。

　　1.长期在电脑前工作、上网、打游戏，坐姿僵硬，造成肩部酸痛。

　　2.疲劳过度，肩背受损。

　　3.因空调直吹肩部，或睡地板等原因造成的肩部受寒疼痛。

　　以上第一和第二种情况若能结合伸展运动和胯部运动开展锻炼则效果更佳。

【动作要点】

　　两手反穿向下时，两臂伸直，掌背尽量贴紧。

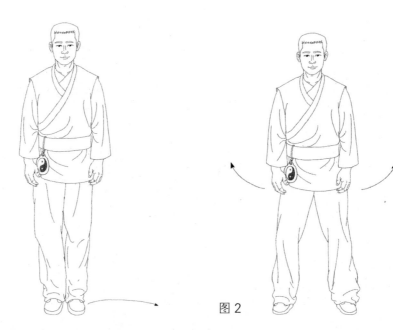

图1　　　　　　　　　　　　　　　图2

❶　左脚开步站立，与肩同宽。（图1—2）

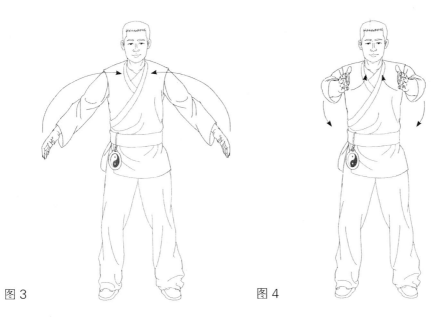

图 3   图 4

❷ 起手合抱（两手向身体两侧打开，双臂舒展，肘部微屈，同时向前画弧至抱球状），
   然后松肩坠肘，两掌提至肩前。（图 3—4）

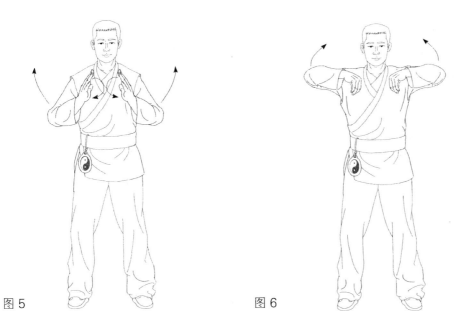

图 5   图 6

❸ 两肘后扩，含胸合肘，绕肩画圆。反复三次。（图 5—10）

79

图 7

图 8

图 9

图 10

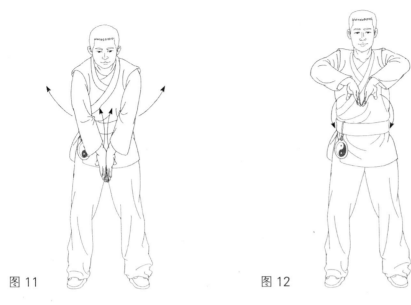

图 11   图 12

❹ 屈膝半蹲，低头含胸，两掌反穿向下至裆部，掌背相靠。（图11）

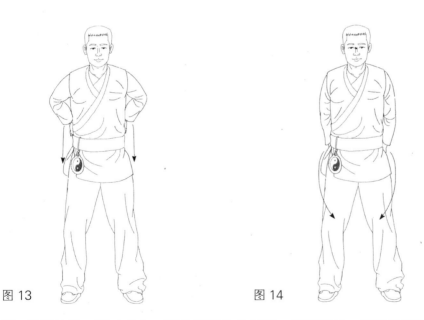

图 13   图 14

❺ 提手耸肩，同时直立。两掌提至胸前打开，肩部后扩。两掌贴腰里合，向下
  经膝绕至裆部，掌背相靠，同时屈膝半蹲。反复三次。（图12—19）

保健热身运动

图 15

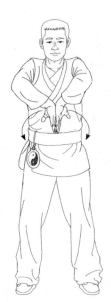

图 16

图 17

图 18

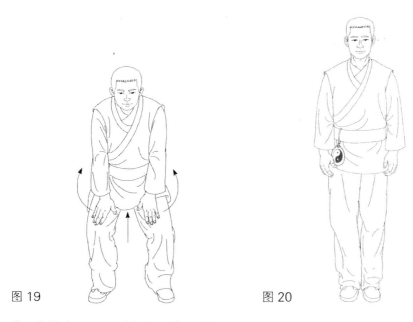

图 19   图 20

⑥ 身体直立，两手自然下落，同时左脚收回，并步站立，目视前方。（图 20）

保健热身运动

第三式　**伸展运动**　缓解腰酸背痛

【应用】

伸展运动特别适用于以下三种人群。

1.长期久坐缺乏锻炼者。

2.长期久站，长时间维持同一个姿势者。

3.腰部脂肪大量堆积，需要腰腹部减肥者。

建议第三种人群坚持练习全套保健热身运动九式，系统锻炼全身各部位，更能起到意想不到的效果。

【动作要点】

上身前俯时，尽量向前，腰背挺直。两掌前推时，两臂伸直。

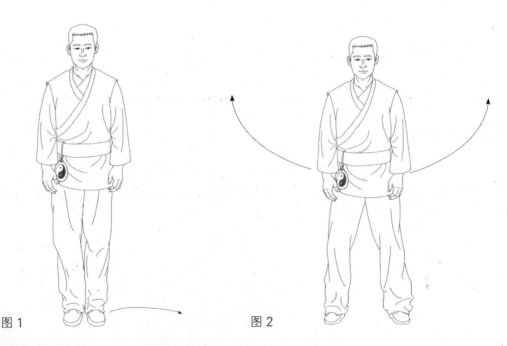

图 1　　　　　　　　　　　　　　　图 2

❶　左脚开步站立，与肩同宽。（图 1—2）

图 3

❷ 两臂外旋后摆，仰身展体。（图 3）

图 4

❸ 身体直立，两臂上举，掌心向前。

（图 4）

图 5

❹ 提踵，两掌变勾提腕，目视前方。

（图 5）

图 6

❺ 脚跟着地，两勾变掌，屈肘下落于
肩前。（图 6）

保健热身运动

85

图 7   图 8

⑥   上身前俯，抬头，挺胸，塌腰。同时两掌前推，指尖相对，目视前方。第 3—
     6 步重复三次。（图 7）

图 9   图 10

⑦   身体直立，两掌下按落于身体两侧，同时左脚收回，并步站立，目视前方。

    （图 8—10）

第四式　**胯部运动**　*一看就会的左右顶胯动作*

【应用】

　　胯部运动可以很好地拉伸胯部，使胯部更为放松，是第三式伸展运动和第五式腰部运动的最好的辅助运动。

　　同样适合久坐、久站和腰腹部需要减肥的人群。

【动作要点】

　　转胯时，加大幅度，拉伸胯部关节。

图 1　　　　　　　　　　　　　　　　图 2

❶ 左脚开步站立，与肩同宽。（图 1—2）

保健热身运动

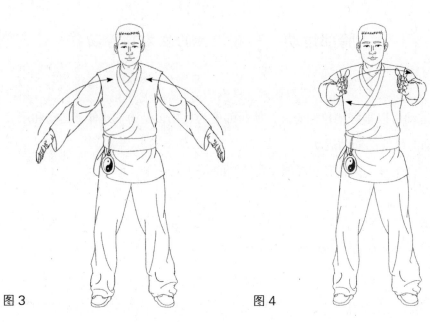

图3   图4

❷ 起手合抱，然后两臂平行交叉，右上左下，按住肘关节。（图3—5）

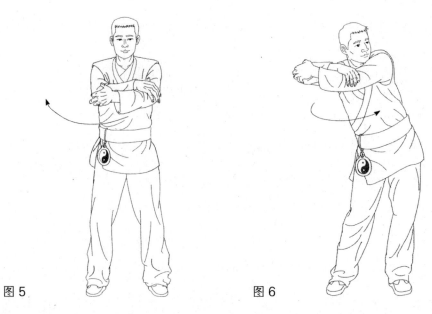

图5   图6

❸ 双臂右推至肩前，向左顶胯。左右对称反复一次。（图6—9）

图 7

图 8

图 9

图 10

❹ 双手叉腰，向右转胯三次，再向左转胯三次。（图 10—14）

保健热身运动

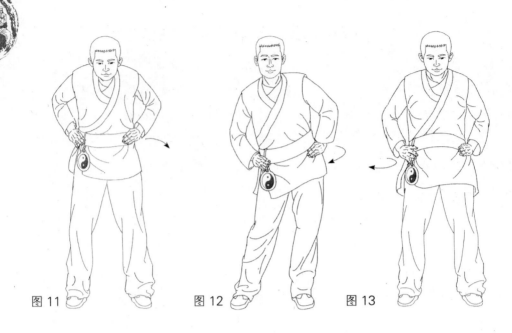

图 11　　　　图 12　　　　图 13

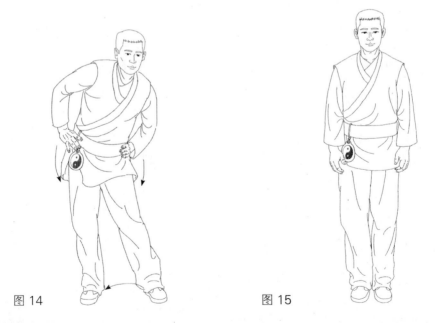

图 14　　　　　　　　图 15

⑤　身体直立，两手自然下落，同时左脚收回，并步站立，目视前方。（图 15）

第五式　**腰部运动**　旋腰生精，身强体壮

【应用】

　　腰部运动的精髓在于它的动作要点。在腰部转动时，尽量后转，拉伸腰部。习练标准的腰部运动，就能在后转时锻炼到平常我们很难锻炼到的上腹部肌肉群，按摩肾脏，起到活腰生精的作用。

　　腰部运动特别适用于以下两种情况。

　　1.腰酸无力、腰腹肥胖需要系统锻炼时，与伸展运动和胯部运动形成腰部锻炼三式，锻炼腰腹部。

　　2.在健身房做高强度腰部力量器械练习之前，放松腰部，避免腰部受损拉伤。

【动作要点】

　　腰部转动带动上身转动，尽量后转，拉伸腰部。

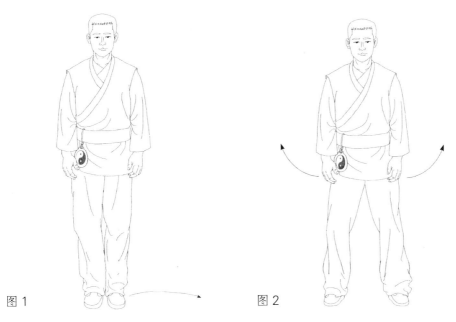

图 1　　　　　　　　　　　　　　　图 2

❶ 左脚开步站立，与肩同宽。（图1—2）

保健热身运动

91

图3

图4

❷ 起手合抱，屈膝微蹲。（图3—5）

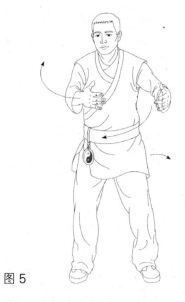

图5

图6

❸ 双掌右将（以腰脊为轴心，通过两腿的虚实变化，由裆劲的辅助来完成），向右
转腰到不能转为止，同时重心右移。（图6—7）

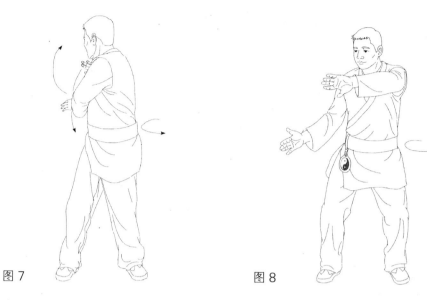

图7　　　　　　　　　　　　图8

④　翻掌向左平捋，向左转腰到不能转为止，同时重心左移。（图8—9）

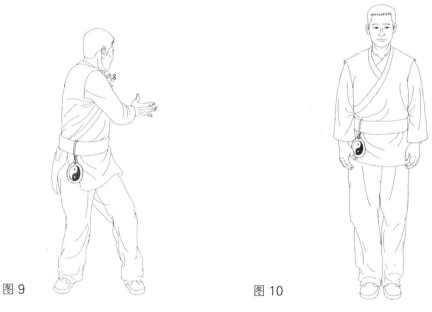

图9　　　　　　　　　　　　图10

⑤　第3—4步重复三次。

⑥　身体直立，两手自然下落，同时左脚收回，并步站立，目视前方。（图10）

保健热身运动

第六式　**鹤立运动**　全身协调练平衡

【应用】

　　鹤立运动不仅可以拉伸全身的关节，而且时常练习能锻炼全身的协调能力和肢体的平衡能力。而周身的拉伸舒展能给人带来愉悦而宁静的力量。长久坚持练习，能使人在喧嚣之中，寻到一丝美好的安宁。

　　鹤立运动特别适用于以下人群。

　　1.肢体动作不协调者。

　　2.平衡能力较弱者。

　　3.欲静心而不得者。

【动作要点】

　　提腿时，另一条腿尽量绷直，保持身体平衡。

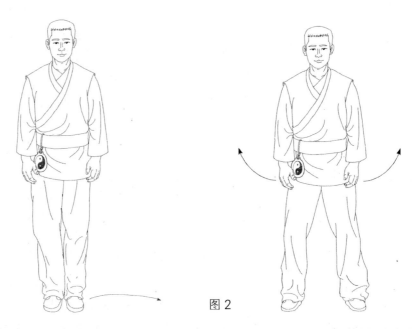

图 1　　　　　　　　　　　　　　　　图 2

❶　左脚开步站立，与肩同宽。（图1—2）

图 3

图 4

❷ 起手合抱，双掌下按。（图 3—5）

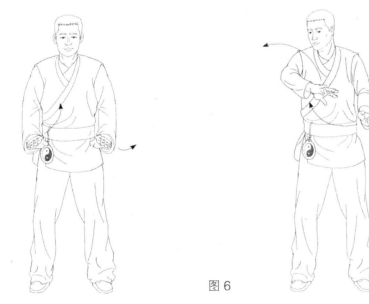

图 5

图 6

❸ 向右画圆，屈膝微蹲，双臂向左平摆。左腿支撑站立，右腿向前提起，脚尖向下。
（图 6—9）

太极王者之道

图 7

图 8

图 9

图 10

④ 同时右臂屈肘，右掌直立，左掌下按落于身体左侧。右腿膝盖托右肘，脚尖向下，脚背绷直。（图10）

图 11   图 12

❺　右脚着地成开步站立，右掌上翻，左掌下按。然后右掌下落。（图11—13）

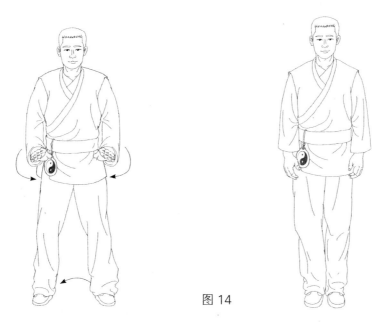

图 13   图 14

❻　第3—5步反向一次。

❼　身体直立，两手自然下落，同时左脚收回，并步站立，目视前方。（图14）

保健热身运动

第七式　**腿部运动**　拉伸腿部肌腱的良方

【应用】

　　腿部运动、下蹲运动和腕关节运动三式是一套简单有效的下肢锻炼操。研究显示，人体有一半的肌肉、骨骼、神经和血液都集中在下肢，也就是腿部，因此下肢力量锻炼对人体的健康有很重要的意义。

　　腿部运动能协调上下肢，拉伸腿部韧带，特别适用于以下两种情况。

　　1.高强度下肢力量锻炼（跑步、器械练习等）前的腿部预热。

　　2.协调上下肢，练习平衡能力。

【动作要点】

　　抱膝时，腿要绷直，上提的小腿也要绷直，保持身体平衡。

　　伸手触摸脚尖时，上身可以有控制地上下小幅震10秒。

图1　　　　　　　　　　　　　　　图2

❶　左脚开步站立，与肩同宽。（图1—2）

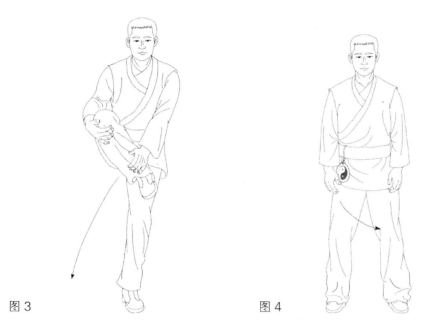

图 3   图 4

❷ 右腿提起，左腿绷直，左手抱脚踝，右手抱膝盖，拉至胸部，停留 10 秒钟。
　双手下落，右脚着地成开步站立。（图 3—4）

图 5   图 6

❸ 左腿微屈，右腿绷直，右脚尖提起。右手扶左膝上侧，左手伸至右脚尖。
　（图 5—6）

保健热身运动

99

图 7

图 8

④ 身体直立，第3—4步反向一次。（图7—12）

图 9

图 10

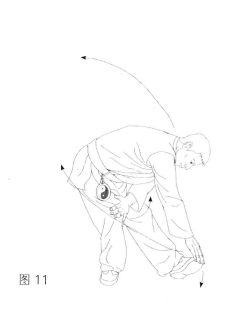

图 11

图 12

图 13

⑤ 身体直立，两手自然下落，同时左脚收回，并步站立，目视前方。（图 13）

101

第八式　**下蹲运动**　放松小腿最简单的方法

【应用】

　　下蹲运动、腿部运动和腕关节运动三式是一套简单有效的下肢锻炼操。对人体的作用与意义在腿部运动的应用中有详细的讲解。

图 1

图 2

❶ 并步站立，下蹲抱腿，双臂交叉。（图 1—3）

图 3   图 4

❷ 停留 10 秒钟，身体直立。（图 4—5）

图 5

❸ 第 1—2 步重复三次。

第九式　**腕关节运动**　手腕脚腕的润滑剂

【应用】

　　腕关节运动、腿部运动和下蹲运动三式是一套简单有效的下肢锻炼操。对人体的作用与意义在腿部运动的应用中有详细的讲解。

【动作要点】

　　脚尖点地，不能前后摆动脚部，而要先顺时针，再逆时针转动腕关节。

图 1

图 2

❶ 左脚开步站立，与肩同宽。（图 1—2）

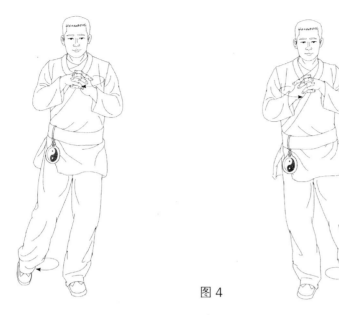

图 3   图 4

❷ 右脚向右后方开半步，脚尖着地，由左向右绕踝转动约 15 秒。同时双手五指
　交叉相握，绕腕转动。（图 3）

❸ 第 2 步反向做一次。（图 4）

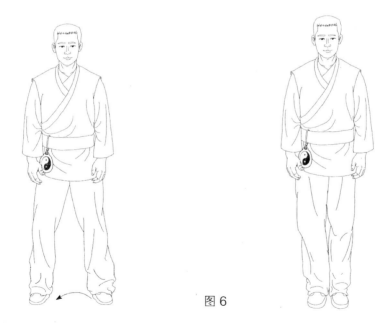

图 5   图 6

❹ 身体直立，两手自然下落，同时左脚收回，并步站立，目视前方。（图 5—6）

保健热身运动

太极十二式

　　太极十二式是在陈式太极拳七十二式的基础上简化编成的，全套共分十二个动作、简单、易学，适合初学者学习。

初学者注意事项

1.在练习完整的套路之前，要充分热身。

在练习太极十二式之前，要充分热身，让全身的肌肉和筋骨得到充分伸展。前文的保健热身运动针对全身各个部位，根据人体结构特征系统地设计了全方位的针对性拉伸和放松，是太极套路练习之前极好的热身选择。

2.练拳之前要注意循序渐进。

此处的循序渐进主要有两层意思。首先，所有太极拳练习者，在全身活动开了之后，才能慢慢放低架子练习。这样才能保护全身关节不因突然使力而受损，才能使肌肉不被拉伤。

其次，不经常锻炼者，腿部肌肉力量不够，如果下蹲过低，肌肉群保护不了膝盖，受力过重会对膝盖造成影响。这也是不少练习者感觉膝盖疼痛的原因，在坚持练习了一段时间之后，腿部肌肉群力量得到增强，此时才能开展进一步练习。

3.练习太极要"慢"。

首先，对初学者来说，"慢"更容易掌握武术的运动逻辑。初学者能在"慢"中意会，使自己逐步掌握太极的运动规律。

其次，不慢心不静，心不静则意不转，意不转则气不沉，气不沉则不能松劲，周身的气力转化容易出问题。

这就是太极练习要"慢"的原因。

4.练习太极要注意"放松"。

只有在放松的状态下，才能使肌肉关节处处活动开，周身通经活络、气血畅通，才能起到太极拳的真正的保健作用。

也只有在放松的状态下，动作才能缓慢柔和，轻灵沉稳，才能以意行气，才能练出太极拳的内在精神。

5.练习太极拳时，呼吸注意"开合有时"。

在正常运动时，保持自然呼吸，有利于身体的内气松沉。在发力时，表现为"合为吸，开为呼"。在每个动作结束的定式时，表现为"开为吸，合为呼"。

6.在练拳时膝盖别超过脚尖，不能勉强将膝盖里扣或外摆。

7.初学者身体尽量放松，不可僵硬。

8.整个套路要做到行云流水，一气呵成。

太极十二式

第一式　起势

【动作要点】

两臂上抬时，手腕放松上领；两臂下落时，上体要正直。

图 1

①两脚并拢，身体直立；肩部放松，两臂自然下垂；头顶百会领起（百会穴位于头顶正中线与两耳尖连线的交叉处，头顶百会领起即保持头容端正，百会穴轻轻向上领起，有绳提之意），下颌微收，目视前方；呼吸自然平稳。（图 1）

图 2

❷ 两腿微屈，重心右移，左腿提起，向外开半步，与肩同宽。（图2）

图 3

❸ 两臂向前平举，与肩同宽，两手掌心向下。（图3）

图 4

❹ 屈膝下蹲，同时沉肩坠肘（在松胯屈膝、含胸塌腰束肋的同时，将两肩井松开下沉，两肘随之下塌，周身骨节放松），两掌下按。（图4）

第二式　懒扎衣

【动作要点】

　　左腿弓步时屈膝松胯，不要顶裆部。

　　坐腕领指，肘部下沉，不要外翻。

图 1

❶ 身体微右转，重心微移至右腿，右
　手逆缠（逆缠为拇指领小指合，顺缠
　为小指领拇指合）上掤（前掤掌心向
　内，外掤掌心向外，上掤掌心向外），
　左手逆缠外翻下按。（图1）

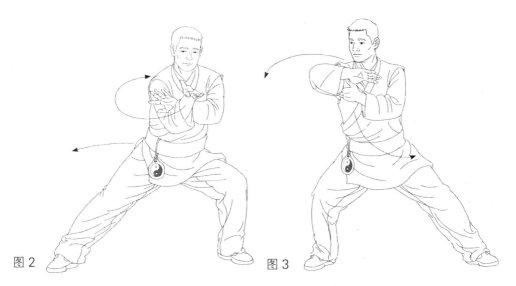

图2   图3

❷ 两手画圆，重心转左腿，提右腿向   ❸ 身体左转，随重心右移，同时两手
　 外开步，同时两手合于胸前。（图2）   外翻。（图3）

图4

❹ 身体右转，右手画弧外开，左手经
　 右胸至腹部，又于左侧腰间，右手
　 外展画弧于右前方，同时坐腕领指。
　 （图4）

111

第三式 六封四闭

【动作要点】

　　两手下按时，两臂向外掤圆，不要里合。

图1

图2

❶ 身体微右转，重心右移，左手向前搭于右手下方。（图1）

❷ 身体左转，重心左移，左手翻掌下带，右臂画弧下落至身体右前方，同时立掌外切。（图2）

图 3

❸ 两手继续后捋。重心继续左
　移，同时两掌外翻，左手与
　肩同高，右手贴于左胸前。
　（图3）

图 4

图 5

❹ 身体微右转，松右胯，两掌旋腕上
　翻合于左耳侧。（图4）

❺ 重心右移，收左腿，左脚虚步点地，
　同时两手下按。（图5）

113

第四式　单鞭

【动作要点】

　　上体保持正直，松腰落胯。

　　左掌外翻时，要与转体同步，全部过渡动作，上下要协调一致。

　　保持目视左手中指前方。

图1

图2

❶ 身体微右转，两掌外翻，左手向前，右手向后拉至左臂处。（图1）

❷ 身体左转，右掌折腕变勾手向右前方提起，同时左掌落于小腹前，掌心向上。（图2）

114

图3

图4

③ 左腿屈膝提起，向左铲出，目视左
　前方。（图3）

④ 重心左移，左掌经腹前翻掌弧形外
　开，与肩同高，重心下沉。（图4）

太极十二式

第五式　**白鹤亮翅**

【动作要点】

身体要协调一致，两臂动作要圆活舒展。

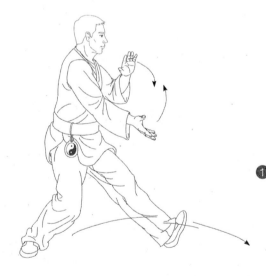

图 1

① 身体向左转，重心移至右腿；左脚外摆，左掌外翻，右掌画弧与左掌相合，目视前方。

（图 1）

图 2

❷ 重心移至左腿，两掌相合于胸前，
提右腿，向右前方开步。（图2）

图 3

❸ 身体先左转后右转，重心右移，同
时左掌画弧落于身体左侧，掌心向
下；右掌向上外开，随之沉肩坠肘，
掌心向外。同时收左腿，虚步点地。
（图3）

太极十二式

117

第六式　斜行

【动作要点】

　　身体前倾时，不要弯腰，脊柱保持平衡。

图 1

图 2

① 身体左转，右掌里合由上而下，外翻下按。同时身体右转，重心移至左腿，右脚前掌抬起，脚跟着地。左掌由外向上，立掌于胸前。（图1）

② 右掌提至胸前，两掌相合，重心右移，两掌向外推出。同时左腿提起。（图2）

118

图 3

图 4

③ 重心下沉，左腿向左前方铲出，两
掌继续外掤。（图 3）

④ 重心左移，身体左转，左腿屈膝，
左臂屈肘，悬至身体前侧，右掌由
下而上贴于右耳根处。（图 4）

图 5

图 6

⑤ 左掌变勾，沉肘上提，与肩同高，
上身直立。右掌合于胸前。（图 5）

⑥ 身体右转，右掌外翻画弧至身体右
侧，沉肩坠肘，目视右手前方。（图 6）

太极十二式

119

第七式　搂膝

【动作要点】

　　两手合于胸前的同时，重心要随之一起下落。

图 1

❶ 重心下沉，左勾变掌，掌心向下合
于膝盖，目视前下方。（图 1）

图 2

❷ 重心右移，两掌心向上，抬至胸前，
同时收左脚，虚步点地，目视前方。

（图 2）

图 3

❸ 随之身体下沉，两掌外翻，向前按出。

（图 3）

太极十二式

121

第八式　拗步

【动作要点】

　　右手前推的同时，左手要外拨变下按。左右要协调一致。

图 1

① 两掌下捋至身体右侧，左腿提起。
两掌下按。（图 1）

图 2

❷ 重心继续下沉，两掌后捋，左腿向
左前方开步。（图2）

图 3

❸ 重心左移，身体左转。右手翻掌由
后向前推出，同时左手向外下按至
身体左侧。目视前方。（图3）

第九式　**掩手肱拳**

【动作要点】

出拳时，右拳拳心要空，拳打出时，力点要集中到拳上。

图 1

图 2

❶ 右掌继续前按，提右脚向前脚跟着
地。同时左掌由后向上画弧，两掌
相合，左掌朝下，右掌朝上。（图 1）

❷ 重心右移，虚步变实，两掌下按，
提左腿向左前方开步。重心移至左
腿，同时两手向外打开。（图 2）

图 3

❸ 重心移至右腿,两手外翻上合,右掌变拳落于腹间,左掌立于胸前。(图 3)

图 4

❹ 身体微右转,重心下沉,然后由右至左,旋腰抖臂,右拳击出。同时左臂屈肘后带,左手微握拳,拳心向上。转成左弓步。(图 4)

第十式　腰拦肘

【动作要点】

　　手腕放松，力点放在肘尖。

图1

图2

① 重心移至右腿，两拳外翻，右上左下。重心左移，两拳画弧交叉于胸前。（图1）

② 身体右转，重心右移，右腿屈膝成弓步。同时右肘向身体右侧横向击出。左臂贴于胸前。（图2）

第十一式　金刚捣碓

【动作要点】

右脚下落的同时，实而仍虚。

图 1

① 两手变掌，右上左下，外翻掤圆，
左掌落于左胯前方，右手与眉同高，
同时重心下沉。（图1）

太极十二式

图 2

② 重心移至左腿，两掌画弧，右下左
上，左掌掌心向下搭于右手臂弯处，
右掌掌心向上。同时右脚向后画弧，
再向前虚步点地。（图 2）

图 3

③ 右手变拳上勾，左掌外翻落于小腹
前。同时右腿提起。（图 3）

图 4

④ 右脚用力下跺，与肩同宽，同时右
拳下砸于左掌心。（图 4）

第十二式　**收势**

【动作要点】

　　两掌画弧时要一气呵成。两掌下按时要立身中正，气归丹田。

图 1

图 2

❶ 两腿直立，同时两手向外画弧。
　（图 1）

❷ 两手上抬翻掌变直立，掌心相对。
　（图 2）

图 3

③ 两臂屈肘，两掌下按，指尖相对，落于胸前。（图 3）

图 4

④ 两臂内收，指尖向前，两掌根下按至胯前。两腿微屈。（图 4）

图 5

⑤ 两腿直立，两手收于两腿外侧，两臂自然下垂，同时收左步。（图 5）

技击技法十四式

真正的太极拳是一种武术，是一种拳法，有很强的技击含义。太极拳不但可以强身，也可以健体，灵活运用更能起到技击御敌的作用。

本书介绍的技击技法可分为四类：对主动进攻进行反击、主动进攻对手、擒拿、解脱擒拿。教你使巧力御敌、退敌，以小搏大，以弱胜强。

对主动进攻进行反击的招式有：反关节、高探马、接手下采、金钩挂玉、捌劲、青龙出水、闪通背、野马分鬃。

主动进攻对手的招式有：穿裆靠、肩靠、巧拨千斤、上挑肘。

擒拿的招式有：拿法。

解脱擒拿的招式有：解脱。

第一式 穿裆靠 小技法，大威力

【应用情景】

　　假如攻击你的对手迎面站立在你的前方，如图 1 所示。使用图 2—4 所示的三步就可闪电般击倒对手。

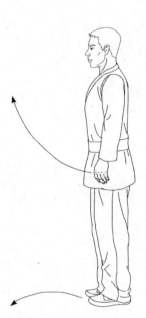

图 1

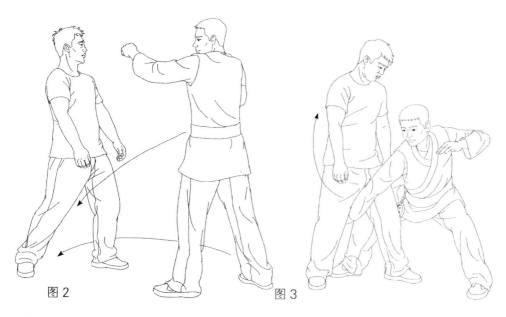

图2

图3

❶ 上左步，左拳虚打。（图2）

❷ 对手身体右转后仰躲避时，上右步，
右腿膝盖顶住对手左腿后面。屈膝
俯身，右手从对手左腿前穿至右膝
后，肩靠对手小腹。（图3）

图4

❸ 手背抵腿，向前用力外翻，将对手
从自己右腿上向后翻倒。（图4）

技击技法十四式

第二式　**反关节**　凶悍绝技，瞬间制敌

【应用情景1】

　　假设攻击你的对手迎面站立，并且右脚上前一步，右手凶狠地抓住你的前胸，如图1所示。这时怎样应对？干脆按住对手抓住你前胸的右手，使用图2—5所示的四步就能重创对手的肘关节。

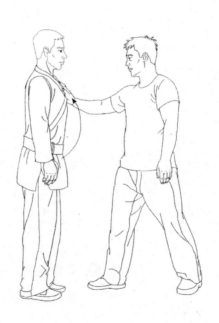

图1

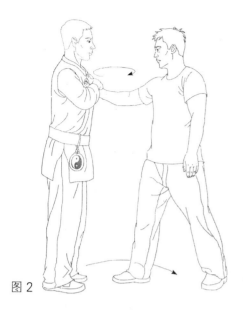

图2

① 右手压住对手手背，固定其手腕。
（图2）

图3

② 向右侧身，上左步至对手右脚外侧，
将其手臂拉直，左大臂抵住其肘部。
（图3—4）

图4

图5

③ 旋腰抖臂，使对手肘关节受到创伤。
（图5）

【应用情景2】

　　假设对手凶悍，已经双手牢牢抓住你的右手并拧到背后了，如图1所示。此时不用慌张，右脚后撤一步，向右转身，只需使用如图2—6所示的五步就可以摆脱对手。

图1

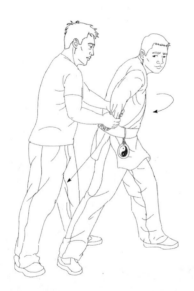

图2　　　　　　　　　　　　　图3

❶ 右脚向后撤步，身体右转，右手顺右腿方向下穿，旋臂解开对手双手。(图2—4)

136

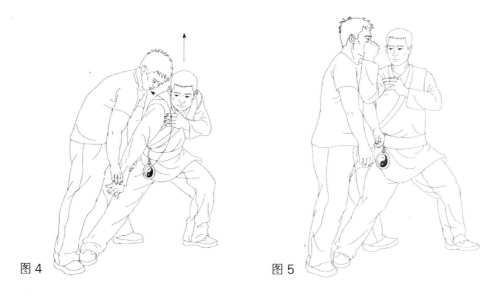

图 4   图 5

❷ 上身直立，右手握拳往上外翻，向背后击打对手面部。（图 5—6）

图 6

技击技法十四式

137

【应用情景3】

　　假设对手无赖，上前死命抱住你的腰部，如图1所示。请保持冷静，使用如图2—5所示的四步就能瞬间重创对手的肘关节。

图1

图2

图3

❶ 右脚后撤，伸展双臂。（图2）

❷ 屈膝半蹲，左臂关节夹住对手右肘下方，右手抱住自己左臂，将对手手臂固定。（图3）

138

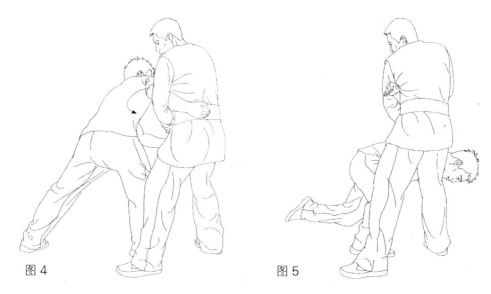

图4　　　　　　　　　　　　　　图5

❸ 左肩右转，向对手肘关节向下用力，重创对手肘关节。（图4—5）

第三式 **高探马** 欲纵先擒的技法

【应用情景】

     假设对手用右脚猛踢你的身体左侧，如图1所示。此时，快速伸出左手一把抱住对手右脚踝，兵来将挡，水来土掩，使用图2—5所示的四步就能击倒对手。

图1

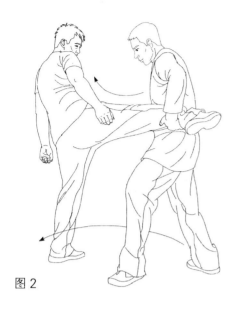

图 2

❶ 伸左手迅速搂住对手右脚踝。(图2)

图 3

❷ 上右步，叉至对手左脚后侧，同时重心右移，右手向对手胸部推出。（图 3）

图 4

❸ 将对手左脚拉紧，右手用力将其后推，使其重心向后悬出，翻倒在地。（图4—5）

图 5

142

第四式　**肩靠**　无肩不成拳，肩靠神威

【应用情景】

　　假设对手与你差不多身高，双方平步对立，彼此右手抓住对手腰部，左手抱住对手右臂，如图1所示。此时仔细研读图2—4所示的三步，就能妙用肩部力量击倒对手。

图 1

143

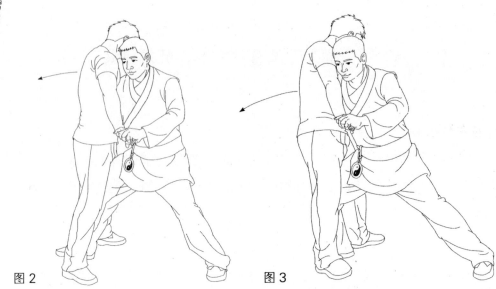

图2　　　　　　　　　　　　图3

❶ 左手抓住对手右手腕，用力使其脱开自己腰部。右手抱住对手腰部，将其拉近。
（图2）

图4

❷ 上右步，小腿贴住对手左腿，脚跟相对，重心下移，屈膝下蹲，右肩用力靠
向对手，将对手击出。（图3—4）

144

第五式　接手下采　由上至下，左右配合

【应用情景】

假设对手左脚上前一步，并气势汹汹地挥出左拳，如图1所示。注意！此时顺势接招，使用图2—4所示的三步就能将对手击倒在地。

图1

❶ 左手抬起，向上接住对手左拳。（图1）

图 2

❷ 上右步至对手左腿前,贴紧对手左腿。同时右手上领,小臂切住对手上臂。(图 2)

图 3

❸ 左手握住对手左手腕,内旋后拉,右臂下采,将对手向前倾倒在地。（图 3—4）

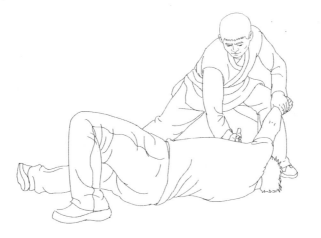

图 4

147

太极王者之道

第六式　**解脱**　技击精华窥一斑

【应用情景】

　　假设对手迎面站立，右脚向前一步，两手分别握住自己左右手腕，如图 1 所示。此时，只需使用图 2—3 所示两步便可从对手的钳制中解脱出来。

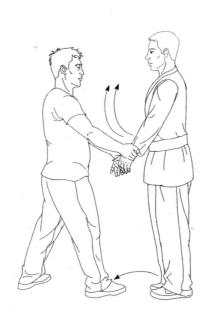

图 1

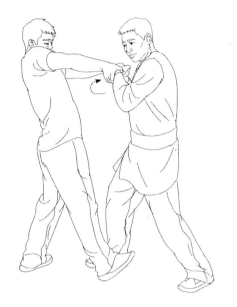

图 2

① 上右步，两手屈臂上抬，两肘外扩，将对手手臂拉起。（图2）

图 3

② 旋腕，向前用力，解开对手双手。（图3）

第七式　**金钩挂玉**　轻松用力，妙招制敌

【应用情景】

　　假设对手迎面站立，并且右脚上前一步，挥出右拳，如图1所示。此时，抓住他挥出的右手手腕，顺势往下带，只需使出图2—4所示的三步便可击倒对手。

图1

❶ 伸右手接住对手右手。（图1）

图 2

❷ 握住对手右手腕，下带，同时左手
扶于对手右上臂。上右步叉至对手
右腿后方。（图 2 ）

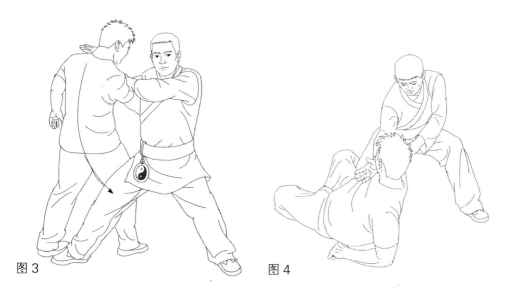

图 3

图 4

❸ 右掌上翻，击打对手颈部，将对手向外击倒在地。（图 3—4）

第八式　**巧拨千斤**　**四两拨千斤的绝技**

【应用情景】

　　假设你的对手迎面站立，右脚上前一步，并且情绪激动，右手已经搭在自己的左肩上，如图1所示。此时，马上闪身，握住右手腕，只需使出图2—5所示的四步便可向后甩出对手了。

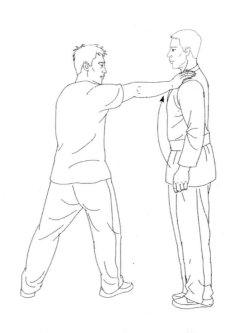

图 1

图 2

图 3

❶ 左手外翻，握住对手右手腕，将其抬起，上身经其右腋下伸出。（图2）

❷ 同时上右步叉于对手裆部，屈膝下蹲，右臂经对手右侧绕至其后方，抱住对手左腰。（图3—4）

图 4

图 5

❸ 将对手向上拔起，向后甩出。（图5）

技击技法十四式

153

第九式　**捌劲**　夺取重心，对手横飞

【应用情景】

假设攻击你的对手迎面站立，左脚向前跨出一步，对你伸出右拳，如图1所示。这时你只要集中注意力，利用图2—4所示的方法，手脚并用，即可以迅雷不及掩耳之势将对手推倒。

图1

图 2   图 3

❶ 出左手搭于对手左手腕，同时上左   ❷ 重心移至左腿，右掌扶于对手左肩
　 步，管住对手右腿膝盖外侧。（图 2）   　 胛骨。（图 3）

图 4

❸ 左手向下旋拧，右手将对手向后推出。（图 4）

第十式 **拿法** 以点带面，束手就擒

【应用情景1】

　　假设攻击你的对手迎面站立，右脚向前跨出一步，右手死死地抓住你的右手四指，并把你的右手掌向外拽得比肩略高，如图1所示。这时你不要惊慌，利用图2—4所示的方法，一招之内即可将对手击倒。

图1

图 2

上右步，身体放长，右手迅速翻转，拿住对手手腕，左手拿住对手右手腕，将对手用力下采，将其拿翻在地。（图 2—5）

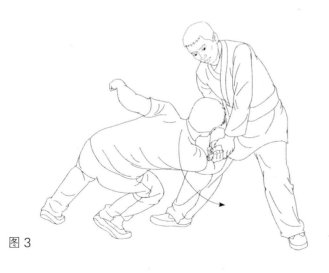

图 3

技击技法十四式

图 4

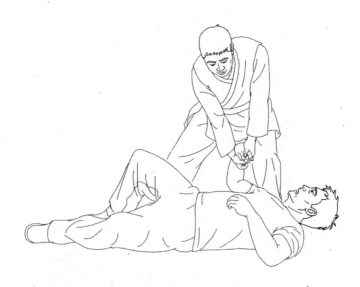

图 5

【应用情景2】

　　假设攻击你的对手迎面站立，右脚向前跨出一步，右手死死地抓住你的右手（除拇指外）四指，并把你的右手掌向外拽得与你的腹部同高，如图1所示。这时你可以利用图2—5所示的方法，反抓住对手拇指关节，身体后撤，使劲后拽，将对手拉倒在地。

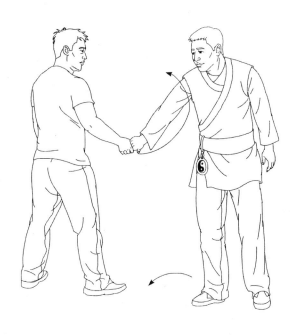

图1

技击技法十四式

图 2

❶ 上右步，右手旋腕，抓住对手右手大拇指，使其固定。（图2）

图 3

❷ 然后用力向下拿住对手拇指关节。（图3）

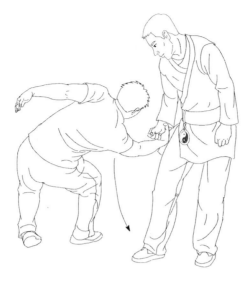

图 4

❸ 身体后撤，将对手拉倒在地。（图 4—5）

图 5

第十一式　**青龙出水**　行云流水般的反击

【应用情景】

　　假设攻击你的对手迎面站立，右脚向前跨出一步，对你伸出右拳，如图 1 所示。你可以左手左脚并用，瞬间阻挡对手攻势，利用图 2—6 所示的方法，即可行云流水反击成功。

图 1

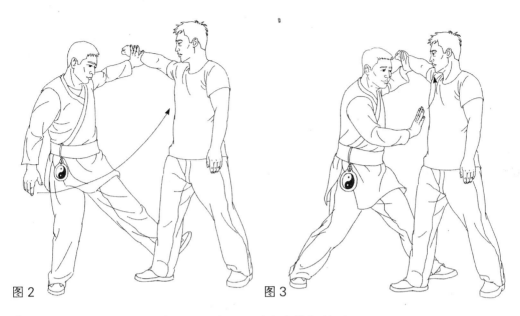

图 2   图 3

❶ 左手搭于对手右手手腕，上左步至对手右脚外侧偏后。（图2）

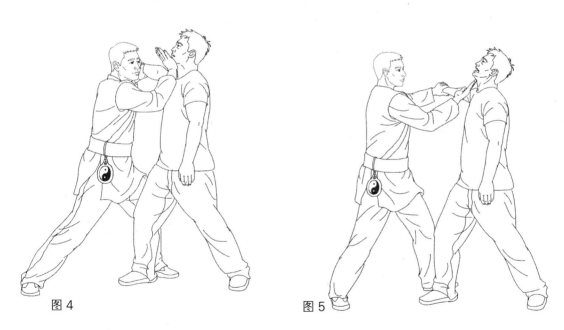

图 4   图 5

❷ 重心移至左腿，右掌可以选择三种招式：

　　1. 右掌用力向对手腹部推出；（图3）

　　2. 右掌上翻，击中对手下颚；（图4）

　　3. 右掌掌心向上，指尖向前，击中对手喉咙。（图5）

太极

王者之道

图6

❸ 将对手击出。（图6）

第十二式　**闪通背**　华丽转身，折臂制敌

【应用情景】

　　假设攻击你的对手迎面站立，面对你左脚向前跨出一步，对你伸出左掌，如图 1 所示 。你可以迅速握住对手手腕，利用图 2—5 所示的方法，华丽转身、一气呵成将对手折臂，使对手狼狈倒地。

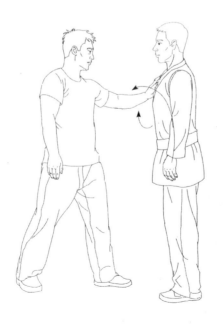

图 1

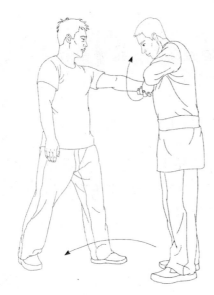

图 2

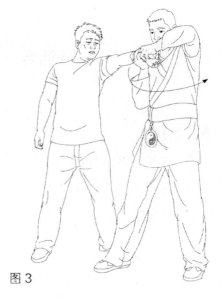

图 3

① 双手由下向上拿住对手手腕。（图2）

② 将对手手臂向后拉直，上右步，迅速转身。将对手手臂抬至自己右肩。

（图3—4）

图 4

图 5

③ 弯腰前倾，背部贴紧对手，用力下翘，将其折臂摔倒。（图5）

第十三式　**上挑肘**　肘顶技击，重创对手

【应用情景】

　　假设攻击你的对手近距离迎面站立，左脚向前跨出一步，不怀好意地将右手搭在你的左肩上，如图1所示。你可以顺势用左手拿住对手的右臂肘部，利用图2—3所示的方法，用右手肘给对手下颚狠狠一击。

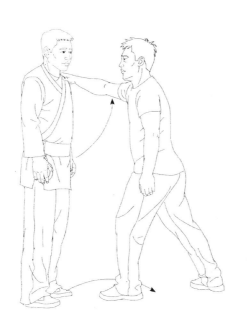

图1

技击技法十四式

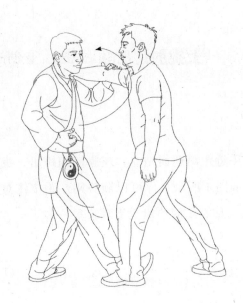

图2

左手拿住对手右臂肘部，用力下压，上右步至对手左脚内侧，右手半握拳，提肘击中对手下颚。（图2—3）

图3

168

第十四式　**野马分鬃**　腰身蓄力，化解强敌

【应用情景】

　　假设攻击你的对手迎面站立，左脚向前跨出一步，对你伸出右拳，如图 1 所示。这时你可以利用图 2—6 所示的方法，将被攻击的局势逆转，用力将对手向后推出，让对手重重跌地。

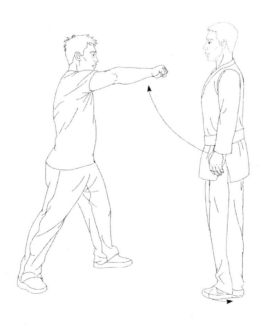

图 1

图2

❶ 左手拿住对手右手，迅速上右步，管住对手左腿，身体左转。（图2）

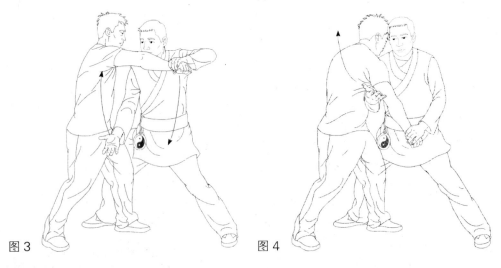

图3   图4

❷ 左手下压，右手穿至对手右肩后。（图3—4）

170

图 5

❸ 重心移至右腿，用力将对手向外捌出。（图 5—6）

图 6

171

女子防狼术

　　女孩子越美丽动人越容易被歹徒纠缠，但女孩子大部分都比较柔弱，想要对付一个比她强壮的色狼，摆脱或反击，只能用快准狠的招式。"女子防狼术"五式实用简单，一招制胜，易记、易学。

第一式　二龙戏珠　单手攻击双眼

【应用情景】

色狼近距离站立，正面伸右手袭胸。（图1）

【小贴士】

臂长不够怎么办？右脚可上前一步，拉近双方距离，再直戳对方双目。

色狼用的是左手怎么办？对应使用左手直戳对方双目。

图1

图2

❶ 左手用力抓住色狼右手，不让其逃脱。（图1）

❷ 右手食指与中指伸直，快速用力直戳对方双目。（图2）

女子防狼术

173

第二式　**直捣黄龙**　膝盖攻击裆部

【应用情景】

色狼迎面走来，抱住自己肩膀。（图1）

【小贴士】

身高不够，抓不住对方肘部怎么办？可以迅速贴近对方，抱住对方腰部。

图1

图2

抓住对方肘部外侧，身体后仰，提膝用力顶向对方裆部。（图1—2）

第三式　**玉足后蹬　高跟鞋的威力**

【应用情景】

穿着高跟鞋走在路上，色狼由身后抱住自己。（图1）

【小贴士】

穿了平底鞋的女同胞，这一招式发挥的作用不大哦，除非你力大无穷。

图 1

女子防狼术

图2

图3

　　看准色狼哪只脚离自己更近，然后提起自己对应的脚，平衡好重心，脚后跟用力踩向对方脚面。（图2—3）

第三式　玉足后蹬　高跟鞋的威力

【应用情景】

　　穿着高跟鞋走在路上，色狼由身后抱住自己。（图1）

【小贴士】

　　穿了平底鞋的女同胞，这一招式发挥的作用不大哦，除非你力大无穷。

图1

女子防狼术

175

图2   图3

看准色狼哪只脚离自己更近，然后提起自己对应的脚，平衡好重心，脚后跟用力踩向对方脚面。（图2—3）

第四式　**仙女摘桃　单手攻击裆部**

【应用情景】

色狼近距离站立，正面伸双手袭胸。（图1）

【小贴士】

肩膀被色狼抓住后，影响右手用力。这时右肩要稍向后转，可以方便自己发力。

图1

女子防狼术

177

图 2

图 3

① 右脚上步。右肩稍向后转，然后向
左转身，右肩用力前靠。（图2）

② 同时伸右手抄下路，抓向对方裆部。
（图3）

第五式　**一气呵成**　融会贯通，威力大增

【应用情景】

　　色狼近距离站立，正面伸右手袭胸。（图1）

【小贴士】

　　一气呵成讲究的是时机，做到快准狠，不给对方反应和反击的机会。

　　重创对方之后，不要犹豫，立刻离开。

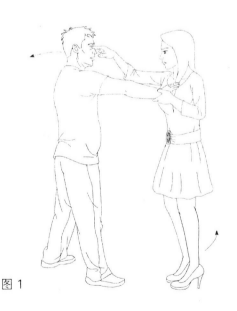

图1

①　先直取双目，对方因疼痛或躲避而身体后仰，暴露出裆部弱点。（图1）

179

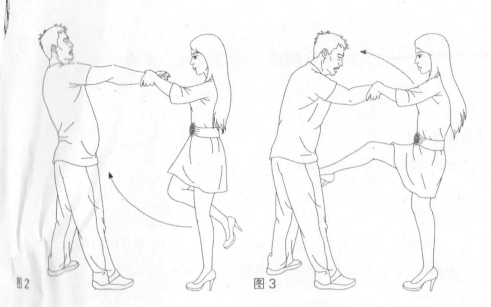

图2　　　　　　　　　图3

❷ 趁对方还未逃脱时，提起右脚，稍向后再向前用力踢向对方裆部。（图2—3）

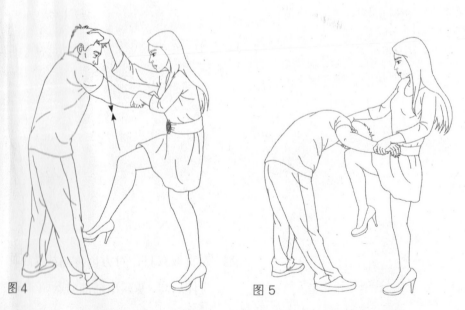

图4　　　　　　　　　图5

❸ 重击对方之后，趁对方弯腰捂裆的时候，按住对方头部，提膝上顶，再次重
创对方。（图4—5）